公路工程施工技术问答丛书

隧道施工技术问答

侯永生　李友好　编著

中国铁道出版社

2014年·北京

图书在版编目(CIP)数据

隧道施工技术问答/侯永生,李友好编著. —北京:
中国铁道出版社,2014.1
(公路工程施工技术问答丛书)
ISBN 978-7-113-17420-0

Ⅰ.①隧… Ⅱ.①侯…②李… Ⅲ.①隧道施工—问题
解答 Ⅳ.①U455-44

中国版本图书馆 CIP 数据核字(2013)第 236440 号

书　　名:公路工程施工技术问答丛书
　　　　　隧道施工技术问答
作　　者:侯永生　李友好

策　　划:江新锡
责任编辑:王　健　张卫晓　　编辑部电话:010-51873065
封面设计:郑春鹏
责任校对:孙　玫
责任印制:郭向伟

出版发行:中国铁道出版社(100054,北京市西城区右安门西街 8 号)
网　　址:http://www.tdpress.com
印　　刷:北京大兴县新魏印刷厂
版　　次:2014 年 1 月第 1 版　2014 年 1 月第 1 次印刷
开　　本:850 mm×1 168 mm　1/32　印张:6.375　字数:166 千
书　　号:ISBN 978-7-113-17420-0
定　　价:19.00 元

前　言

2012年底公路通车里程达到410万公里，其中高速公路通车里程8.5万公里。按照交通运输部《交通运输"十二五"发展规划》，2015年公路通车里程要达到450万公里，高速公路总里程达到10.8万公里。可见，近几年公路基本建设仍处于高峰期，同时，现有道路的养护、改造、扩建工程也越来越多。

为适应公路建设的新形势，不断提高公路施工管理与技术水平，依据国家和交通运输部最新颁布的相关法规、标准、规范、实施细则，吸取近年来国内外有关公路施工领域的新材料、新技术研究成果，结合我国公路建设的实际情况及施工经验，以知识问答的形式编制了《公路工程施工技术问答丛书》。本丛书包括《水泥混凝土施工技术问答》、《桥梁施工技术问答》、《隧道施工技术问答》、《路基施工技术问答》、《沥青路面施工技术问答》、《公路施工管理问答》、《公路养护技术问答》一套七本，分别对公路施工中涉及的基本概念、基本理论、基本方法、基本工艺、常见质量问题等方面以问答的形式进行论述。

本丛书主要适用于从事公路工程现场施工的技术与管理人员及调岗人员的学习、教育，以提高其知识和技能水平。也可供公路建设管理部门、施工及监理单位的管理人员和工程技术人员及大专院校相关专业学生在生产和学习时参考使用。

《隧道施工技术问答》全书共分为八章。第一章隧道基础知识，主要就隧道的分类与构造、隧道基本施工方法、隧道围岩分级方面的基础性知识进行论述。第二章隧道施工准备，就隧道施工场地及临时工程，隧道风、电及施工机械，施工测量等知识进行论述。第三章隧道洞口施工，对隧道洞口工程、明洞工程和浅埋段工程的有关问题进行阐述。第四章隧道开挖施工，就隧道的超前地质预报、开挖方法与钻爆设计等问题进行论述。第五章支护与衬砌，主要对锚杆支护、钢架支护、喷射混凝土、监控量测、混凝土衬砌和仰拱与底板的施工相关知识进行论述。第六章防水与排水，分别对施工防排水和结构防排水的有关规定进行阐述。第七章不良地质与特殊岩土地段施工，分别就膨胀岩土、黄土、岩溶、瓦斯和岩爆的隧道施工有关规定和施工注意事项进行阐述，第八章隧道病害的预防与处理，针对隧道水害、衬砌病害、超欠挖、塌方等隧道常见问题及处置方法进行论述。

本丛书在编写过程中得到河北省道路结构与材料工程技术研究中心的大力帮助，在此深表感谢。由于书中涉及面广、内容较多，编者知识与经验有限，不足和错误之处，敬请指正。

2013 年 11 月

目 录

第一章 隧道基础知识 …… 1

第一节 隧道的分类与构造 …… 1

第二节 隧道基本施工方法 …… 12

第三节 隧道围岩分级 …… 17

第二章 隧道施工准备 …… 26

第一节 施工场地及临时工程 …… 26

第二节 隧道风、电及施工机械 …… 31

第三节 隧道施工测量 …… 39

第三章 隧道洞口施工 …… 44

第一节 洞口工程 …… 44

第二节 明洞工程 …… 52

第三节 浅埋段工程 …… 60

第四章 开挖施工 …… 67

第一节 超前地质预报 …… 67

第二节 开挖方法 …… 73

第三节 钻爆设计 …… 89

第五章 支护与衬砌 …… 97

第一节 锚杆支护 …… 97

第二节 钢架支护 …… 104

第三节 喷射混凝土 …… 108

第四节　监控量测 …………………………………… 116
第五节　混凝土衬砌 ………………………………… 121
第六节　仰拱与底板 ………………………………… 127

第六章　防水与排水 ………………………………… 135

第一节　施工防排水 ………………………………… 135
第二节　结构防排水 ………………………………… 139

第七章　不良地质与特殊岩土地段施工 …………… 148

第一节　膨胀岩土 …………………………………… 148
第二节　黄土隧道 …………………………………… 151
第三节　岩溶 ………………………………………… 159
第四节　瓦斯 ………………………………………… 164
第五节　岩爆 ………………………………………… 172

第八章　隧道病害的预防与处理 …………………… 177

第一节　隧道水害的预防与处理 …………………… 177
第二节　衬砌病害的预防与处理 …………………… 183
第三节　隧道超欠挖的预防与处理 ………………… 187
第四节　隧道塌方的预防与处理 …………………… 191

第一章　隧道基础知识

第一节　隧道的分类与构造

1101　什么是隧道，隧道一般分为哪两类？

隧道通常指用作地下通道的工程建筑物，以某种用途、在地面下不管用何种方法按规定形状和尺寸修筑的断面积大于 2 m^2 的洞室。

隧道一般可分为两大类，一类是修建在岩层中的，称为岩石隧道；一类是修建在土层中的，称为软土隧道。岩石隧道修建在山体中的较多，故又称山岭隧道；软土隧道常常修建在水底和城市，故称为水底隧道和城市道路隧道。

1102　公路隧道按跨度或长度分为哪几类？

1. 公路隧道按跨度可分为以下几类：

(1)小跨度隧道：开挖宽度小于 9 m；

(2)中跨度隧道：开挖宽度大于等于 9 m，小于 14 m；

(3)大跨度隧道：开挖宽度大于等于 14 m，小于 18 m；

(4)超大跨度隧道：开挖宽度不小于 18 m。

2. 公路隧道按长度可分为以下几类：

(1)特长隧道：长度大于 3000 m；

(2)长隧道：长度大于 1000 m，小于等于 3000 m；

(3)中隧道：长度大于 500 m，小于等于 1000 m；

(4)短隧道：长度不大于 500 m。

1103　公路隧道结构构造主要有哪些部分？

公路隧道结构构造，由主体构造物和附属构造物两大类组成。

主体构造物通常指洞身衬砌和洞门构造物，附属构造物是主体构造物以外的其他建筑物，是为了运营管理、维修养护、给水排水、供蓄发电、通风、照明、通信、安全等而修建的构造物。

1104 洞门的主要类型有哪些?

为了保护岩(土)体的稳定和使车辆不受崩塌、落石等威胁，确保行车安全，应该根据实际情况，选择适当的洞门形式，修筑洞门，并对边、仰坡进行适宜的护坡。洞门类型有：端墙式洞门(适用于地形开阔，石质较稳定的地区)、翼墙式洞门(适用于洞口地质较差，Ⅳ级及以上围岩，山体纵向推力较大时)、环框式洞门(适用于洞口石质坚硬稳定，地形陡峻无排水要求时)、遮光棚式洞门等。

(1)端墙式洞门

端墙式洞门适用于洞口地形开阔，岩质基本稳定，洞顶排水条件稍差坡面，洞门为镶套在洞口衬砌上的圬工挡墙或混凝土挡墙。其变化形式有柱式洞门和台阶式洞门，分别适合于地形较陡，地质条件差，洞口较窄和傍山洞口地面横坡较陡的洞口条件。

(2)翼墙式洞门

当洞口地质情况差，地形等高线与线路近于正交需开挖路堑，山体纵面推力较大或有一定的路堑侧压力，适宜使用翼墙式洞门。

(3)环框式洞门

洞口地形陡峭，岩层坚硬，整体性好，节理不发育，不易风化，开挖后具有稳定的仰坡，且无较大的坡面排水，这样可以采用与洞口衬砌同种混凝土整体灌筑的环框作为洞门，环框式洞门的变化型有削竹式洞门，即将洞口衬砌适量的外延伸，并以较缓坡度修筑洞门环框，适用于地质条件较差，地形缓坦的洞口。

(4)遮光棚式洞门

当洞外需要设置遮光棚时，其入口通常外伸很远。遮光构造物有开放式和封闭式之分，前者遮光板之间是透空的，后者则用透光材料将前者透空部分封闭。但由于透光材料上面容易沾染尘垢油污，养护困难，所以很少使用后者。遮光棚式洞门形状上又有喇叭式与棚式之分。

1105　隧道洞门构造有哪些要求？

洞口仰坡地脚至洞门墙背应有不小于1.5 m的水平距离，以防仰坡土石掉落到路面上，危及安全。洞门端墙与仰坡之间水沟的沟底与衬砌拱顶外缘的高度不应小于1.0 m，以免落石破坏拱圈。洞门墙顶应高出仰坡脚0.5 m以上，以防水流溢出墙顶，也可防止掉落土石弹出。水沟底下填土应夯实，否则会使水沟变形，产生漏水，影响衬砌强度。

洞门墙应根据情况设置伸缩缝、沉降缝和泄水孔，以防止洞门变形。洞门墙的厚度可按计算或结合其他工程类比确定，但墙身厚度不得小于0.5 m。

洞门墙基础必须置于稳固地基上，这是因为通常洞口位置的地形地质条件比较复杂，有的全为松散堆积覆盖层，有的半软半硬，有的地面倾斜陡峻，为了保证建筑物稳固，应视地形及地质条件，洞门墙基础埋置足够的深度。基底埋入土质地基的深度不应小于1 m，嵌入岩石地基的深度不应小于0.5 m。

地基强度偏小时，可根据情况采用扩大基础、换土、桩基、压浆加固地基等措施。地基为冻胀土层时，冻结时土壤隆起、膨胀力大，而解冻时由于水融作用，土壤变软后沉陷，建筑物相应下沉，产生衬砌变形。根据公路工程一般设置基础的经验，要求基底设在冻结线以下不小于0.25 m（所指的冻结线为当地最大的冻结深度）。

1106　什么情况下设置明洞，明洞有哪些类型？

洞顶覆盖层较薄，难以用暗挖法建隧道时，隧道洞口或路堑地段受塌方、落石、泥石流、雪害等危害时，道路之间或道路与铁路之间形成立体交叉，但又不宜做立交桥时，通常应设置明洞。明洞主要分为拱式明洞和棚式明洞两大类。按荷载分布，拱式明洞又可分为路堑对称型、路堑偏压型、半路堑偏压型和半路堑单压型。按构造,棚式明洞又可分为墙式、刚架式、柱式等。

1107 拱形明洞的常用结构形有哪些?

隧道进出口两端的接长明洞或在路堑边坡不稳定地段修建的独立明洞等,多采用拱形明洞的形式。拱形明洞整体性好,能承受较大的垂直压力和侧压力。其形式有以下四种:

(1)路堑对称型

这类型式适用于洞顶地面平缓,路堑两侧地质条件基本相同,原山坡有少量坍塌、落石以及隧道洞口岩层破碎,洞顶覆盖较薄,难以暗挖法修建隧道的地段。

(2)路堑偏压型

该类型适用于两侧山坡高差较大的路堑,高侧边坡有坍塌,落石或泥石流;低侧边坡明洞墙顶以下部分为挖方,且能满足外侧边墙嵌入基岩要求的地段。

(3)半路堑偏压型

该类型适用于半路堑靠山侧边坡较高,有坍塌、落石或泥石流等不良地质现象,而外侧地面较为宽敞和稳定,上部填土坡面线能与地面相交以平衡山侧压力的地段。

(4)半路堑单压型

该类型适用于靠山侧边坡或原山坡有坍塌、落石等情况,外侧地形陡峻无法填土的地段。

拱形明洞的边墙,一般采用直墙。当半路堑型单压明洞外墙尺寸较厚(可达 3～5 m)为节省圬工量,通常在浆砌片石的外墙上每隔 3～4 m 开设孔洞一个。

采用偏压拱型明洞时,要特别注意处理好外墙基础,以防止因外墙下沉而引起拱圈开裂,故外墙必须设置于稳固地基上,如有困难,则可用桩基(或加深基础)及加固地基等方法进行处理。

1108　棚式明洞的运用条件、结构形式有哪些？各结构形式适用范围有哪些？

当山坡坍方，落石数量较少，山体侧压力不大，或因受地质、地形条件的限制，难以修建拱形明洞时，可采用棚式明洞。

棚式明洞顶板为梁式结构。内侧边墙一般采用重力式挡墙，当岩层完整，山体坡面较陡采用重力式挡墙开挖量较大时，也可采用钢筋混凝土锚杆挡墙。但在地下水发育地段不宜采用。

棚式明洞的类型主要取决于外侧边墙的结构形式。通常有墙式、刚架式，柱式和悬臂式（不修建外墙时）等棚式明洞之分。

(1)墙式棚洞（墙式棚式明洞）

墙式棚洞适用于边坡存在坍塌、落石的地段，横向断面类似桥跨结构，内墙除起挡墙作用外，还承受顶板下传垂直荷载；外墙只承受顶板下传垂直荷载。

(2)刚架式棚洞

刚架式棚洞适用于边坡小量落石，或在连接两座隧道间需建明洞时，为改善隧道通风条件而被采用。外墙结构为连续框架，因此对地基承载力要求较高。

(3)柱式棚洞

柱式棚洞适用于少量落石，地基承载力高，或基岩埋藏浅的地段。外墙采用独立柱和纵梁方式，结构简单，预制吊装方便，但整体稳定性较差。

(4)悬臂式棚洞

当山坡较陡，坡面有少量落石，且外侧地基不良或不宜设基础时，可采用悬臂式棚洞。根据山侧岩层的具体条件，内侧可选用重力式边墙或锚杆挡墙等形式。悬臂式棚洞由于结构不对称，抗震性能差，施工要求较高，选用时应慎重。

1109　隧道的工作坑道有哪些种类？各有什么优缺点？

一般隧道开挖是从两洞口或从其中一个方向洞口进行。但在长大隧道因工期限制、经济、施工、地形、环境等条件，有必要分成几个工程区段进行施工，多数情况下要设工作坑道。

工作坑道按坡度区分为横洞、斜井、竖井和平行导坑。选择那种形式，决定于地形、地质、工期，运输能力，设置地点的当地条件。

横洞可考虑是主体坑道导坑的分叉和延长。它比斜井、竖井在作业方面，安全方面都优越。没有必要采用特殊的机械和设备。所以除因地形等条件，长度需很大外，希望尽量采用横洞作为工作坑道。

竖井与斜井比较，当高差相同时，长度约为斜井的 1/4 左右，在遇到不良地质和涌水等机率低时，是有利的。但是从运输效率方面比起斜井来，就需加大断面才能满足。而且对于大型机械进入也较困难。另外开挖中处理涌水也困难，开挖能力受地质和涌水状况变化影响大。除作业中的堕落，落石等外，在隧道主坑道开挖时万一出现大涌水，停电等事故时，安全度均较低。因此应考虑这些因素后，再决定采用斜井或竖井。除在覆盖层不厚的地点，设置 30 m 左右的辅助竖井有特别理由的情况外，为保证工程的可靠性多数情况下采用斜井。

竖井、斜井除作为施工作业坑道外，常用于公路隧道的通风井；水底隧道的扬排水和维修保养通道；扬水式发电站的调压水槽和压力管道闸门等。最近还用于石油和液化气的地下储藏的永久性洞库。

1110 竖井的位置选择应考虑哪些问题？

竖井的位置选择必须考虑地形、地质，与主坑道的衔接，完工后的处理等条件来决定。特别是设在山谷部分的竖井多数延长短，要研究防止井口附近地表水和泥砂的流入措施。当存在平面位置稍偏离一点，即有可能产生大的地质变化的情况时，必须重视地质调查。

1111 竖井与主坑道的衔接方式应考虑什么问题？

竖井与主坑道的衔接方式有设置在主坑道的正上方和不从主

坑道设置两种。若设在主坑道正上方时，坑底设备必须设在主坑道内，而且与主坑道联结处理上会产生困难。一般在竖井深度小时，可设于主坑道上方，在山岭隧道则不设于主坑道上方比较合理。

1112　竖井断面的内部空间有哪些因素决定？

竖井断面的内部空间，考虑搬运设备，作业通路，其他各种设备等的大小和形状来决定。断面形式普通为圆形，但深度小时，也有矩形的情况。最小断面尺寸由升降车，吊桶等搬运设备；通过竖井机械的最大尺寸；电梯；非常时期使用的出入井设备；给排水管路、压缩空气管路等的大小、配置；竖井和联络坑道的衔接部分的构造等来研究决定。

1113　竖井的支护和衬砌应考虑的问题有哪些？

竖井的支护和衬砌，应考虑地质、深度、断面形状、使用时间、目的、施工方法等进行设计。圆形断面时，支撑多数采用四根“H”形钢组成的环接杆件；也有采用衬圈板的例子。另外在固结度低的浅地层竖井，一般采用挡土结构明挖法施工。关于衬砌厚度设计没有权威性的计算公式，但对直径 6 m 左右的竖井实际采用40～60 cm。

1114　竖井坑道的出渣方式如何选择？

在竖井中主坑道开挖的出渣方式有升降车和箕斗方式两种。升降车方式是向箱形的升降车直接装载运渣推车，用卷扬机提升至地面。工作人员、材料也以升降车运送。箕斗方式是用钢制的吊斗、渣罐，上下间隔向井外运送的方式；工作人员和材料以另外升降车设备运送。升降车方式不需要进行渣石倒装，但需大型的卷扬设备。箕斗方式箕斗到达坑底才能装渣；所以竖井深度大时，是有缺点的。因此一般采用升降车方式。

装渣设备在箕斗方式时，由渣罐、手推车倒转装置、装渣设备组成。规模和容量决定于地质，主坑道的施工方法，掘进工期等因素。升降车方式时，因直接向推车装渣，就不需要特别的设备。

1115 斜井位置的确定应考虑哪些问题？

确定斜井位置时，考虑以下因素：洞口设置在地形简单，地质良好，涌水量不大，能保证洞外渣罐、卷扬机安装等洞外设备布置的用地需要；与主坑道连接要合适，长度尽可能短，能提供适合运输方式的坡度。在规划坡度和断面时，重要的是要注意不给主坑道的作业造成障碍和制约。

1116 斜井的出渣方式如何选择？

斜井坡度如过陡，接近竖井，在运输上不方便；过缓则存在加长延长的问题；因此坡度是否适当，主要应决定于主坑道开挖出渣的运输方式，若采用输送带方式时，决定于限制渣石滑滚的条件。采用斜坡道方式时，采用箕斗和渣罐用卷扬机提升，坡度可比输送带时陡些，但必须从安全和卷扬机能力来考虑决定。另外，当主坑道开挖方式是全断面或上部半断面超前施工，斜井采用轮胎运输时，从自卸汽车走行性能和通风来考虑，希望坡度缓些。采用1/7左右(约 9°)的实例较多。

1117 斜井断面衬砌应考虑哪些因素？

斜井的断面由出渣运输设备、搬入主坑道使用的机械、钢支撑、混凝土输送、扬排水用的配管、送排风管、电气配线(电力、照明、信号)和用于工作的通道等，同时考虑各种余量，综合研究得出必要的最低限度的尺寸大小。另外施工用的斜井是临时设施，所以没有必要做全断面衬砌，可以相应于地质情况，在需要的位置上进行衬砌。在未进行设计前，计划时衬砌厚度原则上可按 30 cm 左右考虑。

1118 主坑道坑底设备的使用应考虑哪些因素？

安装在主坑道的坑底设备根据主坑道的施工方法，斜井的运输方式的不同，在构造上是有差别的。采用输送带方式时，在斜井底部水平坑道内设渣石转运等设备，水平坑道部分的长度，除考虑渣石转运设备外，还要考虑临时堆放的材料、充电、集水槽等设施来决定，一般多在 50～100 m。斜坡道有轨运输方式时，因坑底设备简单，所以水平坑道可短些。轮胎运输方式时，有 10 m 就够充分了。

出渣倒装设备如采用输送带方式，构造稍微复杂些，必须具备渣罐，粉碎设备，输送带坑道等。在斜坡道采用箕斗方式时，仅渣罐和箕斗，坑道就可以了；当采用推车提升倾倒式时，就更不需要什么设备。坑底渣罐的容量，最低限度应为一列推车的装载量，一般需要约 80～200 m 以上。考虑输送带效率的充分发挥，要求能均匀供应渣石，常采用闸箱送料器和集装送料器设备。粉碎设备一般使用碎石机或大块石扎碎机。斜井与主坑道连接部分的交角，从相交部分的构造，施工难易程度，运输作业方便程度考虑；一般在 300～600 m^3 较适宜。

1119 隧道为什么要进行内装？

为了确保行车安全，在道路隧道中必须采取措施，使墙面亮度在长期的运营中保持在必要的水平以上，墙面须用适当的材料加以内装处理。以改善隧道内的环境，提高能见度和吸收噪声。提高墙面的反射率，可以增加照明效果。因此内装材料表面应当是光洁的，颜色应当是明亮的。人眼对波长 555 nm 的黄绿光最为敏感，所以内装材料应尽量采用淡黄和浅绿色，作为背景的墙面，要能衬托出障碍物的轮廓，具有良好的反射率，减少眩光，并使这种反射呈漫反射。

未经内装的混凝土衬砌表面，特别容易吸附汽车引擎排出的废气中的黏稠油分，并与烟雾、尘埃一起沾在表面上。在隧道内潮湿、漏水的情况下，这种污染的过程出人意料的快，能使墙面的反光率降到极低的水平。

经过内装的墙面,污染仍然是不可避免的。但要求装修材料具有不易污染、易清洗、耐刷、耐酸碱、耐腐蚀、耐高温、便于更换或修复等特点。表面应该光滑、平整和明亮。

装修材料还应具有吸收噪声的作用。消除隧道内的噪声是极其困难的课题之一。隧道内噪声源主要来自两方面:通风机产生的噪声和汽车行驶时引擎发出的噪声。

内装的作用还包括美化洞室、使隧道漏水不露出墙面、隐藏各种管线、提高照明和通风效果、吸收噪音等。

1120 常用的内装材料有哪些?

通常用于隧道的张贴内装材料有以下几种:

(1)块状混凝土材料,其表面粗糙,容易污染而且不好清洗,但衬砌表面不需特殊处理即可设置,比较经济。

(2)饰面板、镶板等质地致密材料。其不容易污染,清洗效果好,洗净率高。板背后的渗漏水很隐蔽,即使外露也容易洗净。各种管线容易在板背后隐蔽设置。板背后的空间有利于吸收噪声。

(3)瓷砖镶面材料。其表面光滑,容易洗净且效果良好;要求衬砌平整,以便镶砌整齐;隧道漏水部位可以考虑用排水管道疏导;镶面后面可以埋设小管线;但这种材料没有任何吸声作用。

(4)油漆材料。其比块状混凝土材料容易清洗,但不及其他两种材料,对衬砌表面要求很高,需要压光、平整;隧道不能有漏水现象,浸湿的油漆损坏很快;这种材料也没有吸声作用。

1121 隧道内路面有什么特殊要求?隧道内路面材料的种类和特点有哪些?

对隧道内路面的讨论是在其具有足够强度和耐久性的前提下进行的。作为特殊要求,有以下几点:

(1)路面材料应具有抵御水的冲刷和含有化学物质的水的侵蚀能力。尤其地下水可能为承压水时,更为突出。路面的坡度应能迅速排除清洗用水。

(2)因为车辆在隧道内的减速及制动次数较高,横向抗滑要求更高,以确保车体横向稳定。

(3)隧道内路面应容易修补。

(4)路面漫反射率高,颜色明亮,才能获得良好的照明效果。路面作为发现障碍物的背景,比墙面和顶棚有更大的、关键性的作用。

路面材料主要有两种,即混凝土和沥青混凝土。由于混凝土的反射率较沥青混凝土路面高,横向抗滑性好,是过去广泛使用的材料。其最大缺点是产生裂缝时不容易修补,更换时要停止交通。在高寒地区还要受到防滑链的损害,必须考虑设置磨耗层。沥青路面的反射率较低,为了改善路面亮度,需要在面层加入石英和铝的混合物。有的加入浅色石子和氧化钛做填充料。

1122 什么是净空、限界?

隧道净空是指隧道衬砌的内轮廓线所包围的空间。隧道净空是根据“隧道建筑限界”确定的,而“隧道建筑限界”是根据“基本建筑限界”制定的,“基本建筑限界”又是以“车辆限界”制定的。

限界:是一种规定的轮廓线,这种轮廓线以内的空间是保证车辆安全运行所必需的。

建筑限界:是建筑物不得侵入的一种限界。

车辆限界:车辆最外轮廓的限界尺寸。

基本建筑限界:线路上各种建筑物和设备均不得侵入的轮廓线。

隧道建筑限界:包围“基本建筑限界”外邻的轮廓线。要比“基本建筑限界”大,留出空间用于安装通讯信号、照明、通风等设备。

直线隧道净空:“直线隧道净空”比“隧道建筑限界”稍大,除了满足限界要求外，考虑避让、救援通道，还考虑衬砌结构的合理受力形状及施工方便等因素。

1123 公路隧道净空、限界有哪些规定？

公路隧道净空应符合公路建筑限界的规定，且横断面各组成部分宽度应符合以下要求：

（1）隧道内的最小侧向宽度应符合表 1-1 规定。

表 1-1 隧道最小侧向宽度

设计速度（km/h）	高速公路、一级公路				二级公路、三级公路、四级公路				
	120	100	80	60	80	60	40	30	20
左侧侧向宽度 $L_{左}$（m）	0.75	0.50	0.50	0.50	0.75	0.50	0.25	0.25	0.50
右侧侧向宽度 $L_{右}$（m）	1.25	1.00	0.75	0.75	0.75	0.50	0.25	0.25	0.50

（2）高速公路、一级公路的隧道应在两侧设置检修道，其宽度应等于或大于 0.75 m，二、三级公路的隧道宜在两侧设置人行道（兼检修道），其宽度应等于或大于 0.75 m。四级公路可不设人行道，但应保留 0.25 m 的相应宽度。

（3）特长、长隧道内右侧侧向宽度小于 2.50 m 时，应设置紧急停车带。紧急停车带宽度应为 3.50 m，长度不应小于 30 m，间距不宜大于 750 m。

（4）单车道四级公路的隧道应按双车道四级公路标准修建。

第二节 隧道基本施工方法

1201 隧道施工的主要特点是什么？

（1）隧道施工是在有原始应力场的介质内构筑结构，即："先有荷载，后有结构"。

（2）隧道工程结构的受力是不确定的。

（3）隧道开挖方法、支护时间、支护刚度对结构受力影响很大。

(4)设计是以工程类比为主、计算为辅,实行动态设计。

(5)隧道施工环境恶劣,能见度差、空气质量差、噪声大。影响工人的工作情绪和技能发挥。

(6)地下水排水困难、泥浆难以清除,影响结构质量。

(7)隧道不可预见的因素较多。

(8)施工作业空间小,各工序干扰大。

(9)隧道工程大部分是隐蔽工程,只有一个可视面,工程隐患难以发现。

1202　隧道施工的主要技术方法有哪些?

隧道施工的主要技术方法有:新奥法、传统的矿山法、隧道掘进机法、盾构法、明挖法、盖挖法、浅埋暗挖法、地下连续墙。

1203　什么是新奥法?其核心及理念是什么?

(1)新奥法是以喷射混凝土锚杆作为主要支护手段,通过监测控制围岩的变形,便于充分发挥围岩自承能力的施工方法,新奥法的全称是新奥地利隧道施工方法,它的英文名字是(New Austrian Tunneling Method,简写 NATM)。新奥法是由奥地利的一位地质专家在 20 世纪 50 年代总结了前人的经验后所提出来的一套隧道设计、施工技术。

(2)新奥法的核心是最大限度地利用和发挥围岩的自承能力,围岩不仅仅是荷载也是结构的一部分,而且是结构的主要部分。在整个工程的设计、施工过程中,以利用和发挥围岩的自承能力为基本出发点,采取各种工程措施,使围岩成为隧道承载体系的一部分。

(3)新奥法的理念:

1)最大限度地利用和发挥围岩的自承能力。

2)隧道的支护结构,是要解决如何有效地控制变形问题。

3)要允许围岩有一定的变形(也包括结构的变形),不要试图阻止围岩变形,使支护承受过大压力;要限制围岩变形,要防止围岩过大变形,发生垮塌。

4)应在适宜的时机,构筑适宜的支护结构,避免在围岩中出现不利的应力状态。

5)要早支护、柔支护。

6)要求支护结构与围岩尽早地密贴,共同工作。

7)通过现场监控量测,掌握围岩应力状态和围岩、支护变形发展趋势,及时调整支护参数,力求获得最适宜的支护结构。

8)根据隧道围岩力学概念和原则,进行隧道的设计和施工,有效地、充分地利用围岩天然的自承能力,保证隧道结构安全、节省工程费用。

1204 新奥法施工的基本原则是什么?

新奥法施工的基本原则可以概括为“少扰动、早支护、勤测量、紧封闭”。

(1)少扰动是指在进行隧道开挖时,要尽量减少对围岩的扰动次数、扰动强度、扰动范围和扰动持续时间。因此要求能用机械开挖的就不钻爆法开挖;采用钻爆法开挖时,要严格地进行控制爆破;尽量采用大断面开挖;根据围岩类别、开挖方法、支护条件选择合理的循环掘进进尺;自稳性差的围岩,循环掘进进尺应短一些;支护要尽量紧跟开挖面,缩短围岩应力松弛时间。

(2)早支护是指开挖后及时施作初期锚喷支护,使围岩的变形进入受控制状态。这样做一方面是为了使围岩不致因变形过度而产生坍塌失稳;另一方面是使围岩变形适度发展,以充分发挥围岩的自承能力。必要时可采超前预支护措施。

(3)勤测量是指以直观、可靠的量测方法和量测数据来准确评价围岩的稳定状态,或判断其动态发展趋势,以便及时调整支护形式、开挖方法,确保施工安全和顺利进行。量测是现代隧道及地下工程理论的重要标志之一,也是掌握围岩动态变化过程的手段和进行工程设计、施工的依据。

(4)紧封闭,一方面是指采取喷射混凝土等防护措施,避免围岩因长时间暴露而致强度和稳定性的衰减,尤其是对易风化的软弱围岩,另一方面是指要适时对围岩施作封闭形支护，这样做不仅可以及时阻止围岩变形，而且可以使支护和围岩能进入良好的共同工作状态。

1205　什么是传统矿山法，及其常见施工方法有哪些？矿山法施工的基本原则是什么？

传统的矿山法是人们在长期的施工实践中发展起来的。它是以木或钢构件等作为临时支撑，待隧道开挖成形后，逐步将临时支撑撤换下来，而代之以整体式衬砌作为永久性支护的施工方法。钢木构件支撑类似于地上的“荷载－结构”力学体系。它作为一种维持坑道稳定的措施是很直观有效的，也容易被施工人员理解和掌握。因此这种方法常用于不便采用锚喷支护的隧道中或处理塌方等。由于衬砌的设计工作状态与实际工作状态不一致，以及临时支撑存在的一些缺陷等，在一定程度上限制了它的发展和应用。

木构件支撑由于其耐久性差和对坑道形状的适应性差，支撑撤换工作既麻烦又不安全，且对围岩有所扰动，目前已很少采用。钢构件支撑由于具有较好的耐久性和对坑道形状的适应性等优点，施工中可以撤换，也更为安全。

传统矿山法常见的施工方法有：全断面法、台阶法、漏斗棚架法、蘑菇形法、上下导坑先拱后墙法等。

传统的矿山法施工的基本原则可以归纳为“少扰动、早支撑、慎撤换、快衬砌”。

1206　传统矿山法与新奥法的主要区别是什么？

传统矿山法与新奥法的主要区别见表1-2。

表1-2　传统矿山法与新奥法区别

项目		新奥法	传统矿山法
支护	临时支护	喷锚支护	木支撑为主、钢支撑
	永久支护	复合式衬砌	单层模注混凝土衬砌
	闭合支护	强调	不强调

续上表

项目	新奥法	传统矿山法
控制爆破	必须采用	可采用
量测	必须采用	无
施工方法	分块较少	分块较多

1207　传统矿山法的顺作法与逆作法各指什么？有什么特点？

(1)先墙后拱法亦可称为顺作法。它通常是在隧道开挖成形后,再由下至上施作模筑混凝土衬砌。开挖可以采用全断面法、台阶法或导坑超前法。这种方法常用于较为稳定的围岩条件。但当围岩稳定性较差或隧道断面较大时,则可以先将墙部开挖成形并施作边墙衬砌后,再将拱部开挖成形并完成拱部衬砌,如侧壁导坑法及洞柱法等。这种方法也可用于围岩更为软弱破碎松散的浅埋隧道中。先墙后拱法的施工速度较快,施工各工序及各工作面之间的相互干扰较小;衬砌的整体性好,受力状态较好。

(2)先拱后墙法亦称为逆作法。它是先将隧道上部开挖成形并施作拱部衬砌后,再开挖下部并施作边墙衬砌。先拱后墙法施工速度较慢,上部施工较困难。但上部完成后,下部施工就较安全和快捷。由于先拱后墙,使得衬砌的整体性较差,受力状态不好。且拱部衬砌沉降量较大,要求的预留沉落量较大,增加了开挖工作量。

1208　什么是明挖法、盖挖法和浅埋暗挖法？

(1)明挖法是指挖开地面,由上向下开挖土石方至设计标高后,自基底由下向上顺作施工隧道主体结构,最后回填基坑或恢复地面的施工方法。

(2)盖挖法是由地面向下开挖至一定深度后,将顶部封闭,其余的下部的工程在封闭的顶盖下进行施工,主体结构可以顺作,也可逆作。

（3）浅埋暗挖法是参考新奥法的基本原理，开挖中采用多种辅助施工措施加固围岩，充分调动围岩的自承能力，开挖后即时支护，封闭成环，使其与围岩共同作用形成联合支护体系，有效地抑制围岩过大变形的一种综合施工技术。

1209　什么情况下不宜采用锚喷支护作为永久衬砌？

在某些不良地质、大面积涌水地段和特殊地段不宜采用锚喷衬砌作为永久衬砌。大面积涌水地段，喷射混凝土很难成型且即使成型，其强度及与围岩的黏结力无法保证；锚杆与围岩的黏结，锚杆的锚固力也极难保证，难以发挥锚喷支护所应有的作用。膨胀性围岩和不良地质围岩，如黏土质胶结的砂岩、粉砂岩、泥砂岩、泥岩等软岩，开挖后极易风化、潮解，遇水泥化、软化、膨胀，造成大的围岩压力，稳定性极差，甚至流坍。堆积层、破碎带等不良地质，往往有水，施工时缺乏足够的自稳能力和一定的稳定时间。这样，锚杆无法同膨胀性围岩和有水堆积层、破碎带形成可靠的黏结，喷射混凝土与围岩面也很难形成良好的粘贴。因此，锚喷支护就难以阻止围岩的迅速变形和通过锚喷支护形成可靠、稳定的承载圈。

不宜采用锚喷支护作为永久衬砌的情况还包括：对衬砌有特殊要求的隧道或地段，如洞口地段，要求衬砌内轮廓很整齐、平整；辅助坑道或其他隧道与主隧道的连接处及附近地段；有很高的防水要求的隧道；还有围岩及覆盖太薄，且其上已有建筑物，不能沉落或拆除者等；地下水有侵蚀性，可能造成喷射混凝土和锚杆材料的腐蚀；寒冷和严寒地区有冻害的地方等。

第三节　隧道围岩分级

1301　公路隧道围岩级别分为几级？各级的主要定性特征和基本质量指标是什么？

公路隧道围岩分为Ⅰ、Ⅱ、Ⅲ、Ⅳ、Ⅴ和Ⅵ共六种类别，各类围岩类别的主要工程地质特征和各项质量指标见表 1-3。

表 1-3 公路隧道围岩分级

围岩级别	围岩或土体主要定性特征	围岩基本质量指标 BQ 或修正的围岩基本质量指标[BQ]
Ⅰ	坚硬岩，岩体完整，巨整体状或巨厚层状结构	>550
Ⅱ	坚硬岩，岩体较完整，块状或厚层状结构； 较坚硬岩，岩体完整，块状整体结构	550～451
Ⅲ	坚硬岩，岩体较破碎，巨块（石）碎（石）状镶嵌结构； 较坚硬岩或较软硬岩层，岩体较完整，块状体或中厚层结构	450～351
Ⅳ	坚硬岩，岩体破碎，碎裂结构； 较坚硬岩，岩体较破碎～破碎，镶嵌碎裂结构； 较软岩或较硬岩互层，且以软岩为主，岩体较完整～较破碎，中薄层状结构	350～251
	土体：1 压密或成岩作用的黏性土及砂性土； 2 黄土（Q_1、Q_2）； 3 一般钙质、铁质胶结的碎石土、卵石土、大块石土	
Ⅴ	较软岩，岩体破碎； 软岩、岩体较破碎～破碎； 极破碎各类岩体，碎、裂状，松散结构	≤250
	一般第四系的半干硬至硬塑的黏性土及稍湿至潮湿的碎石土，卵石土、圆砾、角砾土及黄土（Q_3、Q_4）。非黏性土呈松散结构，黏性土及黄土呈松软结构	
Ⅵ	软塑状黏性土及潮湿、饱和粉细砂层、软土等	

注：本表不适用于特殊条件的围岩分级，如膨胀性围岩、多年冻土等。

1302 隧道的围岩级别的判定程序是什么？

围岩分级应采用定性划分和定量相结合的方法综合评判。隧道围岩分级的综合评判方法宜采用两步分级，并按以下顺序进行：

（1）根据岩石的坚硬程度和岩体完整程度两个基本因素的定性特征和定量的岩体基本质量指标 BQ 综合进行初步分级。

（2）对围岩进行详细定级时，应在岩体基本质量分级基础上考虑修正因素的影响，修正岩体基本质量指标值。

（3）按修正后的岩体基本质量指标［BQ］，结合岩体的定性特征综合评判、确定围岩的详细分级。

1303　岩质围岩的分级指标有哪些？其值如何获取？

岩质围岩的分级指标及获取方法见表 1-4。

表 1-4　岩质围岩的分级指标值及获取方法

公路隧道围岩的分级指标			指标值的获取方法
岩石坚硬程度	定性指标	岩性	初勘阶段主要采用调查和测绘，配合物探及少量钻探获取；详勘阶段主要采用钻探，结合调绘及物探等获取
		风化程度	
	定量指标	单轴饱和抗压强度 R_c	单轴抗压强度试验
		点荷载强度指数 $I_{S(50)}$	点荷载强度试验
		风化系数 K_f	单轴抗压强度试验
岩体完整程度	定性指标	结构面发育程度	初勘阶段主要采用调查和测绘，配合物探及少量钻探获取；详勘阶段主要采用钻探，结合调绘及物探等获取
		主要结构面结合程度	
		主要结构面类型	
		岩体结构类型	
	定量指标	岩体完整性指数 K_v	围岩弹性纵波速度、岩石弹性纵波速度
		岩体体积节理数 J_v	初勘阶段一般不进行测试，必要时配合钻探进行；详勘阶段以钻探为主
		结构面组数 J_n	
		结构面平均间距 d_p	
		结构面张开度	
主要软弱结构面产状	定量指标	走向与洞轴线夹角	初勘阶段主要采用调查和测绘，配合物探及少量钻探获取；详勘阶段主要采用钻探，结合调绘及物探等获取
		结构面倾角	
		结构面走向	

续上表

公路隧道围岩的分级指标			指标值的获取方法
地下水状态	定性指标	出水状态	初勘阶段主要采用调查和测绘,配合物探及少量钻探获取;详勘阶段主要采用钻探,结合调绘及物探等获取
	定量指标	水压力(MPa)	初勘阶段主要以收集的定性资料进行预测计算;详勘阶段在钻孔中进行提水、注主、压水或抽水等试验预测
		单位涌水量[L/(min·m)]	
岩体初始应力场	定性指标	初始应力状态	调查并结合少量钻探获取
	定量指标	强度应力比 R_c/σ_{max}	地应力测试

1304 围岩分级中岩石坚硬程度如何定性划分?

岩石坚硬程度可按表 1-5 定性划分。

表 1-5 岩石坚硬程度定性划分

名称		定性鉴定	代表性岩石
硬质岩	坚硬岩	锤击声清脆,有回弹,振手,难击碎;浸水后大多无吸水反应	未风化～微风化的花岗岩、正长岩、闪长岩、辉绿岩、玄武岩、安山岩、片麻岩、石英片岩、硅质板岩、石英岩、硅质胶结的砾岩、石英砂岩、硅质石灰岩等
	较坚硬岩	锤击声较清脆,有轻微回弹,稍振手,较难击碎;浸水后有轻微吸水反应	(1)弱风化的坚硬岩; (2)未风化～微风化的熔结凝灰岩、大理岩、板岩、白云岩、石灰岩、钙质胶结的砂页岩等
软质岩	较软岩	锤击声不清脆,无回弹,较易击碎;浸水后指甲可刻出印痕	(1)强风化的坚硬岩; (2)弱风化的较坚硬岩; (3)未风化～微风化的凝灰岩、千枚岩、砂质泥岩、泥灰岩、泥质砂岩、粉砂岩、页岩等
	软岩	锤击声哑,无回弹,有凹痕,易击碎;浸水后手可掰开	(1)强风化的坚硬岩; (2)弱风化～强风化的较坚硬岩; (3)弱风化的较软岩; (4)未风化的泥岩等
	极软岩	锤击声哑,无回弹,有较深凹痕,手可捏碎;浸水后可捏成团	(1)全风化的各种岩石; (2)各种半成岩

1305　围岩分级中岩体完整程度如何定性划分？

岩体完整程度可按表 1-6 定性划分。

表 1-6　岩体完整程度的定性划分

<table>
<tr><th rowspan="2">名称</th><th colspan="2">结构面发育程度</th><th rowspan="2">主要结构面的结合程度</th><th rowspan="2">主要结构面类型</th><th rowspan="2">相应结构类型</th></tr>
<tr><th>组数</th><th>平均间距(m)</th></tr>
<tr><td>完整</td><td>1～2</td><td>＞1.0</td><td>好或一般</td><td>节理、裂隙、层面</td><td>整体状或巨厚层结构</td></tr>
<tr><td rowspan="2">较完整</td><td>1～2</td><td>＞1.0</td><td>差</td><td rowspan="2">节理、裂隙、层面</td><td>块状或厚层状结构</td></tr>
<tr><td>2～3</td><td>1.0～0.4</td><td>好或一般</td><td>块状结构</td></tr>
<tr><td rowspan="3">较破碎</td><td>2～3</td><td>1.0～0.4</td><td>差</td><td rowspan="3">节理、裂隙、层面、小断层</td><td>裂隙块状或中厚层结构</td></tr>
<tr><td rowspan="2">＞3</td><td rowspan="2">0.4～0.2</td><td>好</td><td>镶嵌碎裂结构</td></tr>
<tr><td>一般</td><td>中、薄层状结构</td></tr>
<tr><td rowspan="2">破碎</td><td rowspan="2">＞3</td><td>0.4～0.2</td><td>差</td><td rowspan="2">各种类型结构面</td><td>裂隙块状结构</td></tr>
<tr><td>＜0.2</td><td>一般或差</td><td>碎裂状结构</td></tr>
<tr><td>极破碎</td><td colspan="2">无序</td><td>很差</td><td></td><td>散体状结构</td></tr>
</table>

注：平均间距指主要结构面(1～2 组)间距的平均值。

1306　围岩分级中岩石坚硬程度如何定量划分？

岩石坚硬程度定量指标用岩石单轴饱和抗压强度 R_c 表达。R_c 与岩石坚硬定性划分的关系按表 1-7 确定。

表 1-7　R_c 与岩石坚硬定性划分的关系

R_c(MPa)	＞60	60～30	30～15	15～5	＜5
坚硬程度	坚硬岩	较坚硬岩	较软岩	软岩	极软岩

1307　围岩分级中岩体完整程度如何定量划分？

岩体完整程度的定量指标用岩体完整性系数 K_v 表达。K_v 与定性划分的岩体完整程度的对应关系按表 1-8 确定。

表 1-8 K_v与定性划分的岩体完整程度的对应关系

K_v	>0.75	0.75～0.55	0.55～0.35	0.35～0.15	<0.15
完整程度	完整	较完整	较破碎	破碎	极破碎

1308 土质围岩分级指标体系由什么指标组成?

土质围岩分级指标体系宜根据土性差异由1～2个指标组成:

(1)黏质土围岩基本指标为潮湿程度。

(2)砂质土围岩基本指标为密实程度,修正指标为潮湿程度。

(3)碎石土围岩基本指标为密实程度。

(4)对于膨胀性土、多年冻土等特殊情况的土质围岩,应专门进行研究。

1309 土质围岩分级指标值及其获取方法是什么?

土质围岩分极指标值及其获取方法见表1-9。

表 1-9 土质围岩分级指标值及其获取方法

围岩类型	分级指标			获取方法
黏质土围岩	潮湿程度	定性描述	坚硬、硬塑、可塑、软塑、流塑	野外观察、镐锹钻考察
		定量指标	液性指数 I_L	天然含水率试验与液塑限试验
砂质土围岩	密实程度	定性描述	松散、稍密、中密、密实	野外观察、镐锹钻考察
		定量指标	标准贯入锤击数 N	标准贯入试验
	潮湿程度	定性描述	稍湿、潮湿、饱和	野外观察、镐锹钻考察
		定量指标	饱和度 S_r	土的含水率试验
碎石土围岩	密实程度	定性描述	松散、稍密、中密、密实	野外观察、镐锹钻考察
		定量指标	动力触探锤击数 $N_{63.5}$或 N_{120}	标准贯入试验

1310 土质围岩分级指标值具体为多少?

(1)黏质土围岩潮湿程度定性值与定量值的对应关系可按表1-10的规定确定。

表 1-10 黏质主国岩潮湿程度定量值和定性值的对应关系

定性值	坚硬	硬塑	可塑	软塑	流塑
定量值(液性指数 I_L)	≤0	0～0.25	0.25～0.75	0.75～1	>1
野外鉴定	扰动后能用手捏成饼，边上多裂口	扰动后两手相压土成饼状，黏于手掌，揭掉后，掌中有湿痕			扰动后手捏有明显湿痕，并有土黏于手上

(2)砂质土围岩潮湿程度定性值与定量值的对应关系可按表 1-11的规定确定。

表 1-11 砂质主围岩溜湿程度定量值和定性值对应关系

定量值(饱和度 S_r)	$S_r \leqslant 0.5$	$0.5 < S_r \leqslant 0.8$	$S_r > 0.8$
定性值	稍湿	潮湿	饱和
野外鉴定	呈松散状，手摸时感到潮	可以勉强捏成团	空隙中的水可以自由渗出

注：饱和度 $S_r = (V_w / V_v) \times 100\%$，式中 V_w 为水所占的体积；V_v 为孔隙部分的体积。

(3)砂质土围岩和碎石土围岩密实程度定性值与定量值的对应关系可按表 1-12 的规定确定。

表 1-12 砂质土围岩和碎石土围岩密实程度定性值与定量值的对应关系

定性值		松散	稍密	中密	密实
砂质土围岩定量值(标准贯入锤击数 N)		≤10	10～15	15～30	>30
碎石土围岩定量值	重型动力触探锤击数 $N_{63.5}$	≤5	5～10	10～20	>20
	超重型动力触探锤击数 N_{120}	≤3	3～6	6～11	>11
野外鉴定	骨架和充填物	多数骨架颗粒不接触，而被充填物包裹	骨架颗粒疏密不均，部分不连续，孔隙填满		骨架颗粒交错紧贴，孔隙填满

续上表

<table>
<tr><th colspan="2">定性值</th><th>松散</th><th>稍密</th><th>中密</th><th>密实</th></tr>
<tr><td rowspan="2">野外鉴定</td><td>天然坡和开挖情况</td><td>天然坡不能形成陡坎，接近于粗颗粒的安息角。锹可以挖掘，从坑壁取出大颗粒后，砂类土即塌落</td><td colspan="2">天然坡不易陡立，或陡坎下堆积物较多，但大于粗颗粒的安息角。镐可挖出，坑壁有掉块现象，从坑壁取出大颗粒处，砂类土不易保持凹面形状</td><td>天然陡坡较稳定，坎下堆积物较少。镐挖掘困难，用撬棍方能松动，坑壁稳定，从坑壁取出大颗粒处能保持凹面形状</td></tr>
<tr><td>钻探情况</td><td>钻进较容易，冲击钻探时，钻杆稍有跳动，孔壁易坍塌</td><td colspan="2">钻进较难，冲击钻探时，钻杆、吊锤跳动不剧烈，孔壁有坍塌现象</td><td>钻进困难，冲击钻探时，钻杆、吊锤跳动剧烈，孔壁较稳定</td></tr>
</table>

1311 围岩基本质量指标 BQ 如何确定与修正？

(1)围岩基本质量指标 BQ 应根据分级因素的定量指标 R_c 值和 K_v 值按下式计算。

$$BQ=90+3R_c+250K_v$$

使用时应遵守下列限制条件：

1)当 $R_c>90K_v+30$ 时，应以 $R_c=90K_v+30$ 和 K_v 代入计算 BQ 值；

2)当 $K_v>0.04R_c+0.4$ 时，应以 $K_v=0.04R_c+0.4$ 和 R_c 代入计算 BQ 值。

(2)围岩详细定级时，如遇下列情况之一，应对岩体基本质量指标 BQ 进行修正：

1)有地下水；

2)围岩稳定性受软弱结构面影响，且由一组起控制作用；

3)存在高初始应力。

国岩基本质量指标修正值[BQ]可按下式计算。

$$[BQ]=BQ-100(K_1+K_2+K_3)$$

式中　[BQ]——围岩基本质量指标修正值；

BQ——围岩基本质量指标；

K_1——地下水影响修正系数；

K_2——主要软弱结构面产状影响修正系数；

K_3——初始应力状态影响修正系数。

第二章 隧道施工准备

第一节 施工场地及临时工程

2101 施工场地与临时工程的设置应符合哪些基本规定?

(1)施工场地应结合工程规模、工期、地形特点、弃渣场和水源等情况进行合理布置。

(2)弃渣场地布置应满足安全、环保的要求,并方便弃渣。

(3)临时工程应满足安全和便于施工活动正常开展的需要。

(4)严禁将临时房屋布置在受洪水、泥石流、塌方、滑坡及雪崩等自然灾害威胁的地段。

(5)爆破器材库、油库的位置,应符合有关规定。

2102 隧道施工场地的布置应注意哪些问题?

(1)以洞口为中心布置施工场地。施工场地应事先规划,分期安排,并减少与现有道路交叉和干扰。

(2)轨道运输的弃渣线、编组线和联络线,应形成有效的循环系统。

(3)长隧道洞外应有大型机械设备安装、维修和存放的场地。

(4)机械设备、附属车间、加工场应相对集中。仓库应靠近公路,并设有专用线。

(5)合理布置大堆材料(砂石料)、施工备品及回收材料堆放场地的位置。

(6)生活服务设施,应集中布置在宿舍附近。

(7)运输便道、场区道路和临时排水设施等,应统一规划,做到合理布局,形成网络。

(8)危险品库房应按有关规定办理。

(9)确定风、水、电设施的位置。

(10)确定混凝土拌和站和预制场的位置。

2103 弃渣场地的布置应满足哪些要求?

(1)场地容量应足够,且出渣运输方便。

(2)不得占用其他工程场地和影响附近各种设施的安全。

(3)不得影响附近的农田水利设施,不占或少占农田。

(4)不得堵塞河道、沟谷,不得挤压桥梁墩台及其他建筑物。

(5)弃渣场堆的边坡,应作防护,防止水土流失。

2104 临时工程总体布局的设计原则是什么?

根据隧道特点和总体安排,结合施工条件,统一进行临时工程施工总平面布置,具体遵循的原则如下:

(1)方便施工、便于管理

本着因地制宜、永临结合、方便施工、有利管理和缩短场内倒运距离来统一规划临时设施。

(2)有利于环保和文明施工

按照布局合理、紧凑有序、安全生产、文明施工的要求布置,满足环保和创建标准文明工地的要求。

(3)珍惜土地、保护耕地

便道尽量在工程用地界内且不影响工程施工,临时工程尽量少占和不占农田,必须占用农田的临时工程,待工程结束后进行复垦还田。

(4)避免交叉干扰

根据施工方案规划临时设施,避免与正式工程之间的干扰和交叉,合理安排各区域的施工顺序,确保施工安全、工程质量和施工进度。

2105 临时工程应满足哪些要求?

(1)临时工程应在隧道开工前基本完成。

(2)运输便道需引至洞口,满足行车安全要求,并经常养护,保证畅通。

(3)风、水、电设施宜靠近洞口布设,安装机械和管线应按有关规定布置,并及早架设。

(4)临时房屋应结合季节和地区特点,选用定型、拼装或简易式建筑,并能适应施工人员工作和生活的需要。各种房屋应遵守消防安全规定。爆破器材库、油库的位置应符合有关规定。

(5)严禁将临时房屋布置在受洪水、泥石流、塌方、滑坡及雪崩等自然灾害威胁的地段。临时房屋的周围应设有排水系统,并避开高压电线。生活用水的排放,不得影响施工。

(6)临时工程及场地布置时应采取措施保护自然环境。

(7)临时工程的布置应考虑突发性自然灾害,并制定相应的应急预案。

2106 施工用电的设置与使用应符合哪些要求。

(1)严格执行《施工现场临时用电安全技术规范》(JGJ 46—2005),按照施工用电组织设计架设三相五线制的电气线路,所有电线均应架空,过道或穿墙均要用钢管或胶套管保护,严禁利用大地作为工作零线。认真贯彻《建筑施工安全检查标准》(JGJ 59—2011)中临时用电规定。

(2)配电箱、开关箱内电气设备完好无缺。箱体下方进出线,开关箱应符合"一机一闸一漏一箱"的要求,门、锁完善,有防雨、防尘措施,箱内无杂物,箱前通道畅通,并应对电箱统一编号,刷上危险标志。保护零线(PE、绿/黄线)中间和末端必须重复接地,严禁与工作零线混接;产生振动的设备的重复接地不少于两处。

(3)临时用电施工组织设计和临时安全用电技术措施及电气防火措施,必须由电气工程技术人员编制,技术负责人审核,经主管部门批准后实施。

(4)安装、维修或拆除临时用电工程,必须由持证电工完成,无证人员禁止上岗。电工等级应同工程的难易程度和技术复杂性相适应。

(5)使用设备必须按规定穿戴和配备好相应的劳动保护用品，并应检查电气装置和保护设施是否完好，严禁设备带病运转和进行运转中维修。

(6)停用的设备必须拉闸断电，锁好开关箱。负载线、保护零线和开关箱发现问题应及时报告解决。搬迁或移动的用电设备，必须由专业电工切断电源并作妥善处理。

(7)按规范做好施工现场临时安全用电的安全技术档案。

(8)在建工程与外电线路的安全距离及外电防护和接地与防雷等应严格按规范执行。

(9)配电线路的架空线必须采用绝缘铜线和绝缘铝线。架空线必须设置在专用电杆上，严禁架设在树木或脚手架、龙门架或井字架上。

(10)空线的接头、相序排列、挡距、线间距离及横担的垂直距离和横担的选择及规格，严格执行规范规定。

(11)动力配电箱与照明配电箱应分别设置，如合置在同一配电箱内，动力和照明线路应分路设置。

(12)开关箱应由末级配电箱配电，配电箱、开关箱制作所用的材料、箱的规格设置要求及安装技术应按规范执行。配电箱、开关箱最好选购合格的成品使用。

(13)配电箱、开关箱内的开关电器安装，绝缘要求和箱壳保护接零应按规范执行。

(14)每台用电设备应有各自专用的开关箱，必须实行“一机一闸”制。严禁用同一个开关电器直接控制二台及二台以上用电设备(含插座)。

(15)开关箱内必须装设漏电保护器，漏电保护器的安装要求和额定漏电动作应符合规范要求。

(16)总配电箱和开关箱中两级漏电保护器的额定漏电动作时间作合理配合，使之具有分段保护的功能。

(17)手动开关电器只许用于直接控制照明电器和容量不大于5.5 kW动力电路。容量大于5.5 kW的动力电路应采用自动开关电器或降压启动装置控制。各种开关电器的额定值与其控制用电设备的额定值相适应。

(18)所有配电箱、开关箱应由专人负责。且应每月定期检修一次。检查、维修人员必须是专业电工,检查、维修时必须按规定穿戴绝缘鞋、手套、必须使用电工绝缘工具。

(19)对配电箱、开关箱进行检查、维修时,必须将其前一级相应的电源开关分闸断电,并悬挂停电检修标志牌,严禁带电作业。

(20)移动的用电设备使用的电源线路,必须使用绝缘胶套管式电缆。

(21)用电设备和电气线路必须有保护接零。

(22)严禁施工现场非正式电工乱接用电线和安装用电开关。

(23)残缺绝缘盖的闸刀开关禁止使用,开关不得采用铜、铁、铝线作熔断保险丝。

2107　施工照明一般采用什么光源,布置、使用上有什么要求?

采用低压卤钨灯、高压钠灯、钪钠灯、钠铊铟灯和节能灯等。可大幅度提高施工现场及工作面的照明亮度,创造良好的照明环境,保证施工操作质量。

设置固定式照明设备,并设置应急照明设备,应急照明灯具安装间隔不大于50 m且必须在供电中断时能自动接通并能连续工作2 h以上,详见表2-1。

表2-1　洞内外照明布置一览表

工作地段	照明布置(照明灯均采用防水、防爆灯)
开挖面后40 m以内作业段	探照灯
开挖面后40～100 m区段	安装2盏400 W高压钠灯和2盏400 W纳铊铟灯,间距15 m,灯泡距隧道底面高5 m

续上表

工作地段	照明布置(照明灯均采用防水、防爆灯)
开挖面后的 100 m 至成洞末端	每隔 40 m,左右侧各安装 400 W 高压钠灯 1 盏
混凝土衬砌台车作业段	台车前 10～15 m,增设 400 W 高压钠灯各 1 盏,台车上增设 36 V、300 W 或 500 W 卤钨灯
成洞地段	每隔 15 m 安装节能灯 1 盏
撑子面及喷射混凝土作业面	安装 36 V500 W 或 36 V300 W 卤钨灯 2 盏

2108　一般洞内管线如何布置,请绘图说明?

洞内管线布置示意图如图 2-1 所示。

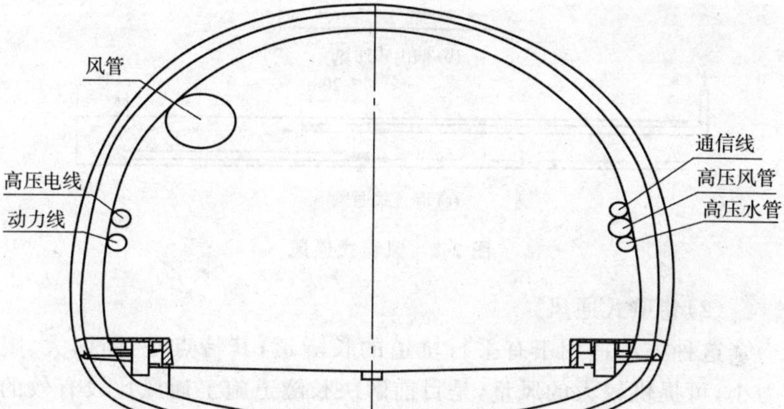

图 2-1　洞内管线布置示意图

第二节　隧道风、电及施工机械

2201　隧道通风的主要设备有哪些,通风方式有哪几种?

隧道实施机械通风,必须具有通风机和风道。按照风道的类型和通风安装位置,有如下几种通风方式:

(1)风管式通风

风流经由管道输送,分为压力式、抽出式、混合式三种方式,如图 2-2 所示。风管式通风的优点是设备简单、布置灵活、易于拆装,故为一般隧道施工采用。

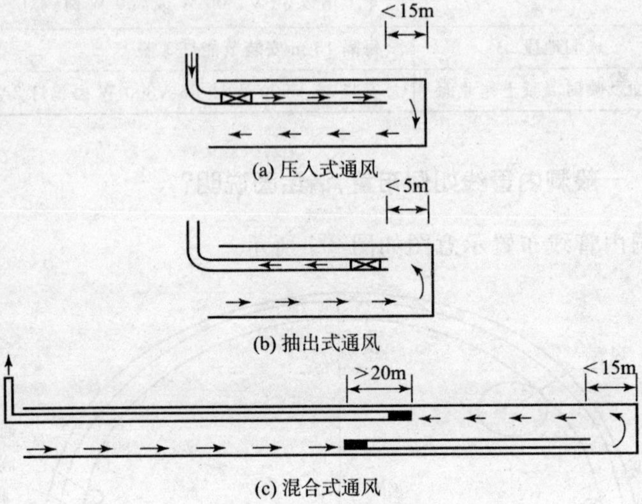

图 2-2 风管式通风

(2)巷道式通风

这种方法适用于有平行坑道的长隧道,其特点是:断面大、阻力小,可提供较大的风量,是目前解决长隧道施工通风比较有效的方法,如图 2-3 所示。

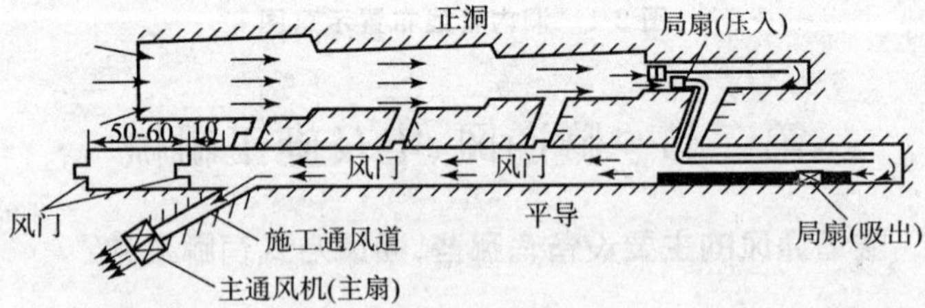

图 2-3 巷道式通风

(3)风墙式通风

这种方法适用于较长隧道。当管道式通风难以解决，又无平行导坑可以利用的话，可利用隧道成洞部分较大的断面，用砖砌或木板隔出一条 2～3 m^2 的风道，以减小风管长度，增大风量满足通风要求，如图 2-4 所示。

图 2-4　风墙式通风

2202　隧道通风有什么规定？

(1)瓦斯隧道装药爆破时，爆破地点 20 m 内风流中瓦斯浓度必须小于 1.0%；总回风道风流中瓦斯浓度必须小于 0.75%。开挖面瓦斯浓度大于 1.5% 时，所有人员必须撤至安全地点。

(2)隧道施工独头掘进长度超过 150 m 时，必须采用机械通风。其通风方式应根据隧道长度、断面大小、施工方法、设备条件等综合确定。当主风流的风量不能满足隧道掘进要求时，应设置局部通风系统，并应尽量利用辅助坑道。

(3)隧道施工通风应能提供洞内各项作业所需要的最小风量。每人应供应新鲜空气 3 m^3/min，用内燃机械作业时，供风量不宜小于 4.5 m^3/(min・kW)。全断面开挖时风速不应小于 0.15 m/s，导洞内不应小于 0.25 m/s，但均不应大于 6 m/s。

2203　隧道通风系统的选型应注意什么？

通风机的功率、风管的直径应根据隧道独头掘进长度、运输方式、断面大小和通风方式等计算确定。通风管应与风机配套，同一管路的直径宜一致，对长、大隧道宜选用大直径风管。当通风管较长，需要提高风压时，可采用多台通风机串联；巷道式通风无大功率通风机时，亦可采用数台通风机并联。串联与并联的通风机应采用同一型号。

2204 通风机的安装与使用应符合哪些规定？

（1）主风机安装应符合通风设计要求。洞内辅助风机应安装在新鲜风流中。

（2）通风机应装有保险装置，当发生故障时能自动停机。

（3）通风机应有适当的备用量，宜为计算能力的50%。

（4）主风机应保持经常运转，如需间歇时，因停止供风而受影响的工作面必须停止工作。

2205 通风管的安装应符合哪些规定？

（1）送风式的进风管口应设在洞外，宜在洞口里程30 m以外。

（2）集中排风管口应设在洞外，并应做成烟囱式。

（3）通风管靠近开挖面的距离应根据开挖面大小确定，送风式通风管的送风口距开挖面不宜大于15 m，排风式风管吸风口距开挖面不宜大于5 m。

（4）采用混合通风方式时，当一组风机向前移动，另一组风机的管路应相应接长，并始终保持两组管道相邻端交错20～30 m。局部通风时，排风式风管的出风口应引入主风流循环的回风流中。

（5）通风管的安装应做到平顺，接头严密，每100 m平均漏风率不得大于2%，弯管半径不小于风管直径的3倍。

（6）通风管应设置专人定期维护、修理，如有破损，必须及时修补或更换。当采用软风管时，靠近风机部分，应采用加强型风管。

（7）送风管宜采用软管，排风管应采用硬管。

2206 隧道施工的供风设备主要是什么？其选型、设置与安装应注意哪些？

隧道施工的供风设备主要是空气压缩机、高压风管。

(1)空气压缩机站设备能力应能满足同时工作的各种风动机具最大耗风量和风压的要求。隧道掌子面使用风压应不小于0.5 MPa。

(2)空气压缩机站应设在洞口附近，当有多个洞口需集中供风时，可选在适中位置，但应靠近用风量较大的洞口。长隧道及特长隧道可将空压机站布设在洞内适当位置。空气压缩机站应有具体的防水、降温和防雷击设施。

(3)高压风管的直径应根据最大送风量、风管长度、闸阀等计算确定。

2207 高压风管路的安装使用应符合哪些规定？

(1)高压风管在安装前应进行检查，有裂纹、创伤、凹陷等现象时不得使用，管内不得保留有残余物或其他脏物。管路应敷设牢固、平顺，接头严密，不漏风。洞内风管不应妨碍运输、影响边沟施工。

(2)在空气压缩机站总输出管上必须设总闸阀；主管上每隔300～500 m应分装闸阀。高压风管长度大于1000 m时，应在管路最低处设置油水分离器，定时放出管中的积油和水。

(3)洞外地段，当风管长度超过100 m和温度变化较大时宜安装伸缩器；靠近空气压缩机150 m以内，风管的法兰盘接头宜用石棉衬垫。

(4)风管前端至开挖面宜保持30 m距离，并用高压软管连接分风器，通往上导坑开挖面使用的软管长度不宜大于50 m。分风器与凿岩机间连接的胶皮管长度，不宜大于15 m。

(5)风管使用中应有专人负责检查、养护。

2208 隧道施工供水方案如何选择？

隧道施工供水方案的选择应符合下列规定：

(1)水源的水量应能满足工程和生活用水的需要。有高山自然水源时，应蓄水利用。水池高度应能保证洞内最高用水点的水压要求。

(2)水池的容量应有一定的储备量，满足洞内外集中用水的需要。

(3)采用机械抽水站供水时，应有备用的抽水机。

(4)工程和生活用水使用前必须经过水质鉴定。

(5)隧道工作面使用水压不应小于 0.3 MPa。水管的直径应根据最大的供水量、管路长度、弯头、闸阀等条件计算确定。

2209 高压水管的安装和使用应注意哪些？

高压水管的安装和使用应符合下列规定：

(1)管路应敷设平顺，不漏水，接头严密。

(2)洞内水管前端至开挖面宜保持 30 m，并用高压软管连接分水器。洞内软管的长度不宜大于 50 m；分水器与凿岩机间连接的胶皮管长度，不宜大于 15 m。

(3)洞内水管管路应敷设在电缆、电线相对的一侧，不得妨碍运输；当与水沟同侧时，不得影响排水。

(4)管路使用中应有专人负责检查、养护。冬季应注意管道保温。

2010 非瓦斯隧道供电电压有哪些要求？

(1)应采用 400/230 V 三相五线系统两端供电。

(2)动力设备应采用三相 380 V。

(3)隧道照明，成洞段和不作业地段可用 220 V，瓦斯地段不得超过 110 V，一般作业地段不宜大于 36 V，手提作业灯为 12～24 V。

(4)低压线路末端的电压降不应大于 10％。

(5)高压分线部位应设明显危险警告标志。

2211　供电线路布置和安装应符合哪些要求？

(1)成洞地段固定的电线路，应使用绝缘良好胶皮线架设；施工地段的临时电线路宜采用橡套电缆；竖井、斜井宜使用铠装电缆；瓦斯地段的输电线必须使用密封电缆，不得使用皮线。

(2)涌水隧道的电动排水设备、瓦斯隧道的通风设备和斜井、竖井内的电气装置应采用双回路输电，并有可靠的切换装置。

(3)动力干线上的每一分支线，必须装设开关及保险装置。严禁在动力线路上加挂照明设施。

(4)照明和动力电线路安装在同一侧时，必须分层架设。电线悬挂高度应满足：400 V 以下不应小于 2.5 m，6～10 kV 不应小于 3.5 m。瓦斯地段的电缆应沿侧壁铺设，不得悬空架设。

(5)36 V 低压变压器应设在安全、干燥处，机壳接地，输电线路长度不应大于 100 m。

2212　洞内变电站设置应符合下列哪些规定？

(1)短隧道变压器应设置在洞口，再低压进洞；成洞地段用 6～10 kV 高压电缆送电，洞内设置 6～10 kV 变电站，应有保证安全的措施。

(2)洞内高压变电站之间的距离宜为 1000 m，由变电站分别向相反两方向供电，每一方供电距离宜采用 500 m。

(3)洞内变电站，应设置在干燥的紧急停车带或不使用的横通道内，变压器与周围及上下洞壁的最小距离，不得小于 300 mm，同时应按规定设置灯光、轮廓标等安全防护设施。

(4)洞内高压变电站应采用井下高压配电装置或相同电压等级的油开关柜，不应使用跌落式熔断器，应有防尘措施。

2213　隧道开挖主要设备有哪些？单口作业面一般如何配置设备？

主要装运设备：装载机和挖装机装渣，配 15 t 以上自卸汽车出渣。

主要支护衬砌设备：湿喷机喷混凝土；模板台车衬砌。全隧采用自动计量拌和站生产混凝土、混凝土罐车运输混凝土。

隧道单口作业面设备配置见表2-2。

表2-2 单口作业面设备配置表

序号	机械名称及型号	数量
1	挖掘机	1
2	装载机(侧翻)	2
3	混凝土罐车(8 m^3)	4
4	混凝土喷射机(TK600)	3
5	出渣运输车(15t以上)	4
6	风钻(YT28)	23
7	空压机(20 m^3)	6
8	混凝土输送泵	1

2214 隧道施工常用机械设备有哪些？一般如何配置？

隧道施工常用机械设备及配置数量见表2-3。

表2-3 主要施工机械配置表

序号	机械设备名称	数量	序号	机械设备名称	数量
1	挖掘机	2	10	双液注浆泵	2
2	装载机	4	11	混凝土拌合机	各1
3	自卸汽车	10	12	混凝土输送车	12
4	多功能作业台车	2	13	混凝土输送泵	2
5	电动空压机	12	14	液压衬砌台车	2
6	风动凿岩机	45	15	插入式振动器	70
7	通风机	2	16	吊车	2
8	湿喷机	6	17	平板式振捣器	10
9	管棚钻机	2	18	潜水泵	35

续上表

序号	机械设备名称	数量	序号	机械设备名称	数量
19	污水泵	20	25	内燃发电机	2
20	钢筋对焊机	2	26	工具车	6
21	钢筋调直机	2	27	工字钢冷弯机	2
22	电焊机	20	28	台臂转铣床	2
23	钢筋切断机	2	29	变压器	4
24	钢筋弯曲机	2	30	仰拱模板	2

第三节 隧道施工测量

2301 隧道测量有哪些基本要求?

(1)控制测量的精度应以中误差衡量,最大误差(极限误差)规定为中误差的两倍。

(2)隧道施工时应做好下列工作:

1)长隧道设置的精密三角网或精密导线网,应定期对其基准点和水准点进行校核。

2)洞外水准点、中线点应根据隧道平纵面、隧道长度等定期进行复核,洞内控制点应根据施工进度设定。

(3)洞内施工隧道测量,桩点必须稳定、可靠,且通视良好。水准点应设在不易损坏处,并加以妥善保护。

(4)隧道竣工后应提交贯通测量技术成果书、贯通误差的实测成果和说明、净空断面测量和永久中线点、水准点的实测成果及示意图。

2302 控制测量应符合哪些规定?

(1)控制测量桩点必须稳固、可靠。

(2)测量工作中的各项计算,均应由两组独立进行;计算过程中应及时校核,发现问题应及时检查,并找出原因。

(3)隧道洞外控制测量应在隧道进洞施工前完成。

(4)用于测量的设计图资料应认真核对,确认无误后方可使用,引用数据资料必须核对。

(5)在控制网误差调整时,不得将低等级平面和高程控制网的误差传入隧道控制网。

2303 平面控制测量和高程控制测量宜采用哪种测量方法?测量等级如何划分?

平面控制测量可采用GPS测量、三角测量、三边测量和导线测量。洞外平面控制测量宜利用已有的定测控制网,并符合隧道贯通误差的有关规定和隧道施工的要求。隧道平面控制测量等级见表2-4。

表2-4 隧道平面控制测量等级表

隧道长度 L(m)	测量等级	隧道长度 L(m)	测量等级
$L \geq 6000$	二等	$1000 \leq L < 3000$	四等
$3000 \leq L < 6000$	三等	$L < 1000$	一级

高程控制测量宜采用水准测量,洞外四、五等高程控制测量也可采用光电测距三角高程测量。隧道高程控制测量等级见表2-5。

表2-5 隧道高程控制测量等级表

隧道长度	测量等级	水准线路最大长度(km)
$L \geq 6000$	二等	600
$3000 \leq L < 6000$	三等	60
$L < 3000$	四等	25

2304 洞内平面控制测量应符合哪些规定?

(1)洞内平面控制测量宜采用导线测量。洞内导线应布置成多边形导线环。

(2)洞内导线,应根据贯通精度的要求布点,宜选择在施工干扰小、稳固可靠、通视良好的地方；施工时应保护好导线点。导线边长在直线地段不宜小于 200 m，在曲线地段不宜小于 70 m。

(3)联系洞外和洞内的控制测量，宜选在洞外和洞内观测条件接近的时段进行观测。

(4)竖井的联系测量应采用光学垂准仪投点、陀螺仪辅助定向。应根据竖井长度和贯通精度要求选择测量仪器和测量方法，估算贯通误差，调整并确定测量方案。

2305　导线的布设形式有哪几种？导线测量的外业工作包括哪些内容？

根据测区的地形以及已知高级控制点的情况，导线可布设成附合导线、闭合导线和支导线三种形式。

导线测量工作分为外业和内业。外业工作主要是布设导线，通过实地测量获取导线的有关数据。具体包括选点、测角、量边和连测四个方面。

2306　隧道洞内施工测量时有哪些基本规定？

(1)洞内导线应根据洞口投点向洞内作引申测量，洞口投点应纳入控制网内，由洞口投点传递进洞方向的连接角测角中误差，不应超过测量等级的要求，后视方向的长度不宜小于 300 m。导线点应尽量沿路线中线布设，导线边长在直线地段不宜短于 200 m；曲线地段不宜短于 70 m。无闭合条件的单导线，应进行两组独立观测，相互校核。用中线法进行洞内测量的隧道，中线点间距直线部分不宜短于 100 m；曲线部分不宜短于 50 m。

(2)特长隧道、长隧道及采用大型掘进机械施工的隧道，宜用激光设备导向。

(3)供导坑延伸和掘进用的临时点可用串线法标定，其延伸长度在直线部分不应大于 30 m；曲线部分不应大于 20 m。

(4)开挖前应在开挖断面标出设计断面尺寸线，开挖工作完成后应及时测量并绘出断面图。

(5)供衬砌用的临时中线点，必须用经纬仪测定，其间距可视放样需要适当加密，但不宜大于 10 m。

(6)衬砌立模前应复核中线和高程，标出拱架顶、边墙底和起拱线高程，用设计衬砌断面的支距控制架立拱模和墙模。立模后必须进行检查和校正，确保无误。

(7)洞内水准路线应由洞口高程控制点向洞内布设，结合洞内施工情况，测点间距以 200～500 m 为宜。

(8)洞内施工用的水准点，应根据洞外、洞内已设定的水准点，按施工需要加设。为使施工方便，在导坑内拱部、边墙施工地段宜每 100 m 设立一个临时水准点，并定期复核。

2307 贯通误差的测定应符合哪些要求?

(1)采用精密导线测量时，在贯通面附近定一临时点，由进测的两方向分别测量该点的坐标，所得的闭合差分别投影至贯通面及其垂直的方向上，得出实际的横向和纵向贯通误差，再置镜于该临时点测求方位角贯通误差。

(2)采用中线法测量时，应由测量的相向两方向分别向贯通面延伸，并取一临时点，量出两点的横向和纵向距离，得出该隧道的实际贯通误差。

(3)水准路线由两端向洞内进测，分别测至贯通面附近的同一水准点或中线点上，所测得的高程差值即为实际的高程贯通误差。

2308 贯通误差的调整应如何进行?

(1) 采用导线法测量，贯通误差不超过允许值时，应按下列要求进行贯通误差调整：

1)方位角贯通误差分配在未衬砌地段(该段长度不应小于 200 m)的导线角上。

2)坐标闭合差在贯通误差调整段的导线上，按边长比例分配。

3)采用调整后的导线坐标作为贯通误差调整段的放样依据。

(2)采用中线法测量，贯通误差不超过允许值时，应按下列要求求进行贯通误差调整。

1)贯通误差调整段为直线时,宜通过加设曲线来调整线路中线,所加设的曲线参数应满足现行《公路路线设计规范》的要求。

2)贯通误差调整段的部位于圆曲线地段时,贯通误差应由曲线的两端向贯通面按长度比例调整中线。

3)贯通误差调整段既有直线又有曲线时,宜通过调整曲线偏角和曲线起(终)点位置调整线路中线,满足现行《公路路线设计规范》规定,并能保证隧道净空。

(3)高程贯通误差不超过允许值时,贯通点附近的高程控制点,应采用由两端分别引测的高程平均值作为调整后的高程,将高程贯通误差的一半分别在贯通面两端未衬砌地段的高程控制点上按水准线路长度的比例调整。

2309 如何进行隧道竣工测量?

(1)隧道竣工后,应在直线地段每 50 m、曲线地段每 20 m 及需要加测断面处,测绘以路线中线为准的隧道实际净空,标出拱顶高程、起拱线宽度、路面水平宽度。

(2)隧道永久中线点,应在竣工测量后用混凝土包埋金属标志。直线上的永久中线点,每 200～250 m 设一个,曲线上应在缓和曲线的起终点各设一个;曲线中部,可根据通视条件适当增加。永久中线点设立后,应在隧道边墙上画出标志。

(3)洞内水准点每公里应埋设一个,短于 lk m 的隧道应至少设一个,并应在隧道边墙上画出标志。

(4)提交贯通测量技术成果书、贯通误差的实测成果和说明、净空断面测量和永久中线点、水准点的实测成果及示意图。

第三章　隧道洞口施工

第一节　洞口工程

3101　如何确定隧道洞口段？洞口段常见的灾害有哪些？可采取什么措施？

洞口段通常地质条件不良，围岩稳定性较差，地表易塌陷，应对洞口段做相应处理。由于隧道的地形、地质及线路位置的不同，要很明确地规定洞口段的范围是比较困难的。一般情况下，可以将由于隧道开挖给仰坡可能造成不良影响的洞口范围称为洞口段。

隧道洞口施工遇到地层滑坡、崩塌、偏压以及泥石流、雪崩等自然现象时，应采取措施治理。主要措施见表 3-1。

表 3-1　洞口自然灾害及处置措施

灾害现象	问题点	主要措施
滑坡	由于洞口挖方破坏了原坡面的平衡状态，导致滑坡；在原地层滑坡线上开挖，导致出现新的滑坡	地表锚杆、注浆桩、深基桩、挡墙、土袋等
崩塌落石	在陡坡山崖处开挖，即使围岩条件较好也极有可能出现崩塌或落石	喷射混凝土、地表锚杆、锚索、防落石棚、化学药液注浆
偏压	由于地形的非对称性，作用在隧道横断面上的荷载不平衡，加大隧道结构上的压力，导致结构剪切破坏	平衡压重填土、护坡挡墙、挖切土体，减轻偏压力
泥石流	泥石流的冲击力极大，多从沟谷冲下，危害结构物安全	沿沟谷设梯级防沙坝

续上表

灾害现象	问题点	主要措施
雪崩	与泥石流同样具有极大冲击力，多发生在沟谷或陡坡处	沿沟谷设梯级坝，洞口顶部设防护棚

3102　隧道洞口段有什么特点？

(1)隧道洞口岩层稳定性差

隧道洞口地段，一般覆盖层薄，岩层破碎、松散，风化严重。同时，洞口段往往也是软硬岩交界的地方，地形和地质条件极不稳定，且地表水汇集，隧道洞口段成洞特别困难。

(2)隧道洞口结构受力体系复杂

隧道洞口边坡岩体在长期表生地质作用下处于平衡状态，隧道施工破坏了山体原有的平衡。隧道洞口仰坡开挖后，仰坡由三维受力状态变为二维受力状态，因此仰坡容易出现片落现象。隧道洞口开挖后，仰坡与隧道顶板的交叉部位处于一维受力状态，受力条件十分不利，若不及时进行维护，该部位很容易产生坍塌。其次是洞口处顶板一端由工作面支撑，另一端则处于悬空状态，属悬臂梁结构，其稳定性较差。另外，隧道洞口处常常还会有一些明挖(深)路堑，其边坡也处于二维受力状态。随着隧道洞口段的开挖和支护，该段将重复进行应力释放与重新分布，因此，往往会引起洞口段地表滑坡、坡面崩塌、偏压及塌方事故发生。

(3)隧道洞口施工支护加固工程量大

隧道洞口边仰坡和进洞开挖，使山体原有的平衡状态遭到破坏，若不及时采取加固措施，极易产生坍塌、顺层滑移、古滑坡复活等现象。在开挖过程中，必须要对隧道洞口路堑边坡、洞口及洞顶以上仰坡进行锚喷预加固处理；进洞前采取超前锚杆、超前小导管周边注浆、设置大管棚等超前预支护技术；开挖后及时喷射混凝土和仰拱紧跟形成封闭受力环。

(4)隧道洞口植被容易造受破坏

山区隧道洞口生态植被极其脆弱，若隧道洞口进洞方案制定不妥、洞口勘察设计选址不当、洞口变坡点设置不合理或洞口处在深路堑等，都会造成大面积原生植被的破坏，且难以恢复生态，容易出现水冲刷和水土流失，严重者会造成隧道洞口坍塌。

3103 隧道洞口的施工应考虑哪些问题？

(1)隧道洞口仰坡的片落或滑落。

(2)隧道洞口附近路堑边坡的坍塌。

(3)仰坡与隧道顶板交叉部位的坍塌。

(4)隧道顶板的冒顶。

(5)隧道洞口段的下沉。

(6)洞口段控制爆破。

(7)监控量测和超前地质预报。

3104 洞口开挖方案如何选择？

隧道进洞施工方案必须结合地形地貌、水文地质条件、施工水平、施工安全等因素进行综合分析判断，制定出切实可行的施工方案。同时，在选择施工方法时，还应充分考虑向隧道洞身主体施工方法转换的问题。另外，为了减少对围岩的振动和扰动，应优先选用控制爆破、接长明洞、前置式洞口施工方案，避免因围岩暴露时间过长发生有害变形。

隧道大跨施工应选择变大跨为小跨的施工方法，如 CD 法、双 CD 法、CRD 法、双侧壁导坑法；其次是选择适宜的辅助施工工法，如环形开挖留核心土法、前置式洞口工法等。

3105 隧道洞口加固方法有哪些？

(1)注浆加固

注浆可将节理裂隙发育到一定厚度的岩层胶结成具有一定强度且较完整的壳体，同时可堵塞涌水渗透，隔绝水源。当隧道洞口段埋深较浅，岩石破碎且地形平缓时，可在地表对隧道顶板岩层进行注浆预加固,加强隧道顶板岩层的整体性,也可减少地表水的渗透。

(2)小导管注浆加固

超前小导管注浆加固也是一种广泛使用的辅助施工措施,往往与钢拱架一起设置。隧道洞口仰坡防护完成后,首先整修成洞面,安装第一组钢拱架,使第一组钢拱架尽量贴近洞面,通过利用风枪沿钢拱架的腹部穿过将小导管顶入岩层中,并与钢拱架焊接牢固,共同组成预支护体系。使用注浆设备将浆液压入小导管内,并通过管壁的注浆孔注入地层孔隙,凝固围岩,从而使隧道围岩形成加固圈,保护隧道开挖的顺利进行。

(3)管棚加固

当隧道洞口位于松软破碎的地层中,或在很差的地质条件下进洞时,可采用管棚法加固。管棚应与钢拱架一起使用,钢管的尾部需架设在钢拱架上并焊死。

(4)锚喷混凝土加固

在浅埋洞口地段,可能会形成边挖边塌的局面,偏压洞口往往一侧边坡开挖过高,形成不稳定边坡,危及施工安全,采用锚喷混凝土加固是比较合适的,一是洞口边仰坡表层预加固,先按设计坡度刷坡,然后沿坡面喷混凝土,必要时加设锚杆钢筋网;二是洞口上方陡坎加固和仰坡加固,洞口上方陡坎系指洞门端墙施工前,衬砌拱顶外缘至仰坡坡脚的陡立壁面。三是洞口浅埋段预加固,当洞口自然坡度较缓,围岩软弱,隧道覆盖层薄,洞口开挖后地层不能自稳时,以锚杆加固为主。地表锚杆采用垂直打入,将锚杆伸至衬砌拱圈外缘的设计位置,以增加锚杆锁固围岩的能力。

(5)超前锚杆及自进式预应力锚杆加固

开挖掘进之前,在开挖面的拱部一定范围内,沿隧道断面的周边,向地层内打入一排纵向锚杆,通过锚杆形成对围岩的加固作用,形成超前于工作面的围岩加固棚。

3106 洞口施工的一般安排原则是什么？

（1）洞口开挖和进洞施工宜避开雨期、融雪期及严寒季节。

（2）边坡和仰坡以上可能滑塌的表土、灌木及山坡危石等应清除或加固。

（3）在不良地质地段，应在进洞前按设计要求对地表及仰坡进行加固防护。

（4）洞口边坡及仰坡应自上而下开挖，不得掏底开挖或上下重叠开挖。洞口有邻近建（构）筑物时，应采取微振动控制爆破。当地质条件不良时，应采取稳定边坡和仰坡的措施。

（5）应随时检查边坡和仰坡的变形状态，发现不稳定现象时，及时采取措施，保证施工安全。

（6）洞口边、仰坡排水系统应在雨季之前完成。

（7）隧道排水应与洞外排水系统合理连接，不得侵蚀软化隧道和明洞基础，不得冲刷路基坡面及桥涵锥坡等设施。

（8）应对地表沉降和拱顶下沉进行监控量测，并适当增加量测频率。

（9）洞口永久性挡护工程应紧跟土石方开挖及早完成。地基承载力应满足设计要求。

3107 隧道洞门的设置与施工应符合哪些规定？

隧道洞门应在隧道开挖的初期完成，并应符合下列规定：

（1）基础必须置于稳固的地基上，虚渣、杂物、风化软层和水泥必须清除干净。

（2）洞门端墙的砌筑与回填应两侧对称进行，不得对衬砌产生偏压。

（3）端墙施工应保证其位置准确和墙面坡度满足设计要求。

（4）洞门衬砌完成后，其上方仰坡脚受破坏时，应及时处理。

（5）洞门的排水设施应与洞门工程配合施工，同步完成。

（6）洞门的排水沟砌筑在填土上时，填土必须夯实。

3108 洞口土石方的开挖与防护施工应符合哪些规定？

(1)洞口边坡、仰坡的开挖应减少对岩土体的扰动，严禁采用大爆破。

(2)对边坡和仰坡以上可能滑塌的表土、灌木及山坡危石等的处理措施，应结合施工和运营阶段的隧道安全和环境保护等因素确定。

(3)临时防护应视地质条件、施工季节和施工方法等，及时采取喷锚等措施。

3109 简述洞口施工主要工序及工作内容有什么？

(1)洞口边、仰坡开挖防护

隧道开挖前，首先完成洞口截水沟、洞口土方及边仰坡防护施工。洞口土方采用挖掘机配合装载机自上而下分层施工，大型自卸汽车运输，并及时做好坡面防护，开挖一层防护一层，按设计要求进行边仰坡的防护加固。洞口的进洞遵循“早进洞、晚出洞”的原则实施。

(2)洞口排水

边仰坡施工前，先人工在洞顶开挖边缘线 5～10 m 外施作洞顶截水天沟，待进洞后及时施作洞门和两侧排水沟，与洞顶截水沟相连形成完整排水系统，避免雨水冲刷洞口及线路。

(3)洞门砌筑

在进洞施工正常后，适时安排洞门施工，首先进行测量放线，确定洞门的位置和标高及断面尺寸，待洞口段主洞衬砌后，再进行洞门的建筑。明洞衬砌混凝土采用整体浇筑，内模采用衬砌台车，外模采用钢模，混凝土输送泵浇筑，插入式振捣器振捣。在明洞的混凝土浇筑过程中，严格控制混凝土的配合比，保证混凝土强度满足要求。

洞门完成后及时修筑洞顶排水沟和边仰坡防护工程，保证洞口稳定和排水顺畅。

3110 洞门施工基本要求有哪些?

(1)洞门宜尽早修建,并尽可能安排在雨季前施工,以增强洞口处边坡稳定,保障洞口内正常施工。

(2)洞门端墙处的衬砌与洞口内衬砌采用同一材料整体灌筑,洞门端墙与隧道衬砌应连接良好,使之成为整体。

(3)翼墙式挡墙应与端墙同时砌筑,当墙身砌出地面后,基坑必须及时回填夯实。

(4)洞门砌体要求表面平整、清洁、隧道铭牌字样要美观,醒目。

3111 简述端墙式洞门施工要点有哪些?

(1)端墙在土石方开挖后及时完成,基础超挖部分用与基础同级混凝土和基础同步浇筑,端墙及挡、翼墙的开挖轮廓面应符合设计要求。

(2)端墙及挡、翼墙基础的基底承载力必须满足设计要求,承载力可采用静力触探试验或标准贯入试验检测。

(3)端墙及挡、翼墙基础位于软硬不均的地基上时,除按设计要求处理外,还要求在软弱地基分界处设沉降缝。

(4)端墙与洞口衬砌连接方式应符合设计要求。

(5)端墙的泄水孔应与洞外排水系统及时连通。

(6)隧道洞门端墙和挡、翼墙,挡土墙的反滤层、泄水孔、施工缝设置应符合设计要求。

(7)隧道洞门的截、排水设施与洞门工程同步施工,当端墙顶部水沟置于填土上时,填土必须夯填密实,必要时应加以铺砌。

(8)隧道洞门检查梯、隧道铭牌、号标的设置应符合设计要求。

3112 简述隧道洞门端墙施工要点有哪些?

(1)施工放样前应正确确定端墙基底里程,据此并结合端墙与线路夹角进行平面放样,在立面上则根据端墙坡度用坡度尺控制。

端墙基底里程＝洞口里程±(路面设计高层－端墙基底里程)×端墙坡率，进口端用减号，出口端用加号。

(2)端墙基础应置于稳定的地层上，虚渣，杂物，积水和泥化的软层应清除干净。如为冻结性土壤，其基底则应埋置在冻结线以下 0.25 m。如基底岩层软硬不均，应予加固处理，以防止不均匀沉陷引起的端墙开裂。

(3)洞门端墙顶水沟如砌筑在回填土上，应将填土紧密夯实。

(4)洞门端墙的砌筑与墙后回填应两侧同时进行，墙背与岩面间空隙较小时应使用与墙身相同强度等级圬工回填，空隙较大时，一般应使用浆砌片石回填，只有在岩壁无侧压力时才允许用干砌片石回填，并要求回填密实。

(5)端墙砌至帽石下约 0.5 m 时，须校核一次水平，以便于配料使帽石标高符合设计要求。

(6)端墙砌筑时，灰浆要饱满，表面平整，坡度一致，灰缝及垂直错缝须符合挡墙砌石圬工的规定，并随砌筑随回填。

(7)就地灌筑混凝土端墙，其钢筋绑扎、模板拼装、支撑等均应符合混凝土工程规范要求。墙背超挖部分，随灌随回填。

3113　洞门混凝土的模板及拆模有什么规定？

(1)模板及支(拱)架应根据洞门结构形式、荷载大小、地基土类别、施工设备和材料供应等条件设计。

(2)斜切式洞门斜坡面内外模板和挡头板应专门设计和制作，配套使用。

(3)模板及支(拱)架必须具有足够的强度、刚度和稳定性，能承受所浇筑混凝土的重力、侧压力及施工荷载。施工前应进行计算后方可实施。

(4)模板及支架安装必须稳固牢靠，模板及支架与脚手架之间不得相互连接。模板接缝必须严密不漏浆。

(5)模板与混凝土的接触面必须清理干净并涂刷脱模剂。

(6)混凝土浇筑前，应将模板内的积水和杂物清理干净。

(7)拆除模板及支(拱)架的条件：当洞门结构跨度大于 8 m 时，混凝土强度必须达到其设计强度标准值的 100%；当洞门结构跨度小于等于 8 m 时，混凝土强度必须达到其设计强度标准值的 70%。

第二节 明洞工程

3201 什么是隧道明洞？主要用于什么情况下？

用明挖法在路堑或半路堑中修建衬砌结构，并在其外表回填土石的隧道。当山区隧道的上方或侧边距离地表很近时，若用暗挖法修建，常使山体坍塌，难以施工；若修成路堑，其边坡又难于保持稳定，不利运营。这时可以先按较陡的临时边坡挖成路堑或半路堑，在其中修筑衬砌结构，然后在衬砌外表面回填土石。因此，明洞主要用于遭受坍方、落石或流石、流泥危害的隧道洞口或路堑地段，有时也作为整治路堑出现落石滑坡等病害的有效手段。

3202 隧道明洞一般采用什么材料？其洞顶回填、洞身防水、基础地基有什么规定？

明洞衬砌材料一般都用混凝土或钢筋混凝土，边墙亦可采用浆砌片石。明洞洞顶应回填一定厚度的土石，一般在 1 m 以上，作为其上方落石的缓冲层。明洞衬砌则承受上方回填土石的重量，以及有可能发生的其他荷载。为了防止水流危害结构，衬砌外表面要铺设外贴式防水层；在回填土上部铺设一层黏土，作为隔水层；再在顶部修建排水沟。边墙的基础应设置在稳固的地基上，以免因地基不均匀下沉而造成衬砌结构开裂。在寒冷地区，基底应埋入冻结线以下一定的深度。当明洞前后地段处于软硬不均匀的地层上时，要在交接处设置沉降缝。在气温变化较大的地区，明洞衬砌要设置伸缩缝。

3203　明洞类型的选择有哪些原则?

(1)拱式明洞

拱式明洞主要由顶拱和内外边墙组成混凝土或钢筋混凝土结构,整体性较好,能承受较大的垂直压力和侧压力。内外墙基础相对位移对内力影响较大,所以对地基要求较高,尤其外墙基础必须稳固。必要时还可加设仰拱。通常用作洞口接长衬砌的明洞,以及用明洞抵抗较大的塌方推力、范围有限的滑坡下滑力和支撑边坡稳定等。

(2)棚式明洞

受地形、地质条件限制,难以修建拱式明洞时,边坡有小量塌落掉块,侧压力较小时,可以采用棚式明洞,棚式明洞由顶盖和内外边墙组成。顶盖通常为梁式结构。内边墙一般采用重力式结构,并应置于基岩或稳固的地基上。当岩层坚实完整,干燥无水或少水时,为减少开挖和节约圬工,可采用锚杆式内边墙。外边墙可以采用墙式、刚架式、柱式结构。

3204　洞口与明洞的区别是什么?

洞口工程是隧道进出山体的工程,含洞门、挡墙、洞口边坡工程、仰坡工程、洞口沟槽等。

明洞工程是隧道中先明挖,然后修筑隧道的结构工程。明洞可以是隧道洞身的一部分,也可以是洞口接长隧道的一部分。在目前采用的斜切式洞门中,一般都带有10～20 m长的明洞工程。

3205　明洞主要施工方法是什么?

(1)先墙后拱法

适用于临时边坡能暂时稳定的对称式明洞。优点是衬砌整体性好,施工空间大,有利于施工。缺点是土方开挖量大,刷坡较高。

(2)先拱后墙法

适用于不宜大范围开挖边仰坡的情况。优点是土石方开挖量较小,刷坡较低。缺点是衬砌整体性较差,边墙防水层施作不方便。

3206　明洞应如何选择施工方法?

(1)当边坡能暂时稳定时,可采用先墙后拱法

(2)当边坡稳定性差,但拱脚承载力较好,能保证拱圈稳定时,可采用先拱后墙法。

(3)半路堑式明洞施工时,可采用墙拱交替法,且宜先做外侧边墙,继作拱圈,再做内侧边墙。

(4)当路堑式明洞拱脚地层松软,不能采用先拱后墙法施工时,可待起拱线以上挖成后,采用跳槽挖井法先灌注两侧部分边墙,再做拱圈,最后做其余边墙。

(5)具备相应的机具条件时,可采用拱墙整体灌注。

(6)明洞衬砌边墙基础和遮光棚支柱基础等应设置在稳固地基上。如边墙基础挖到设计标高后,地质情况及允许承载力与设计要求不符时,应及时进行处理。基础混凝土灌注前必须排除基坑内积水,并对基底进行固化处理。边墙基础应采用与边墙同级混凝土一次浇筑而成。

(7)明洞衬砌完成后进行回填时,墙背回填应两侧同时进行。墙背与岩壁空隙不大时,可采用与墙身同级混凝土回填;空隙较大时,可采用片石混凝土或浆砌片石回填密实。明洞拱背回填应对称分层夯实,回填至拱顶齐平后,应立即分层满铺填筑至要求高度。使用机械回填应待拱圈混凝土强度达到设计强度且由人工夯实填至拱顶以上 1.0 m 后方可进行。拱背回填需作黏土隔水层时,隔水层应与边、仰坡搭接良好,封闭紧密,防止地表水下渗影响回填体的稳定。

(8)明洞与暗洞衔接施工宜采用先拱后墙法。在仰坡暂时能稳定时,宜由内向外进行施工;在仰坡易坍塌的情况下,宜先将明洞拱圈灌注到仰坡脚,再由内向外做洞内拱圈,并确保仰坡稳定。明洞与暗洞拱圈应连接良好。

3207 常见明洞病害有哪些?

(1)衬砌裂纹:明洞的衬砌裂纹主要有拱部纵向裂纹,多发生在拱腰部位;边墙水平裂纹,多发生在墙腰处;环形裂纹多发生在洞口附近及施工接缝处。

(2)洞口端墙竖向开裂,洞门翼墙、挡墙断裂等。

(3)洞口山体边坡落石、坍方、泥石流等,会埋没线路中断行车。

(4)洞内漏水,特别是沉降缝处最为严重。

3208 明洞施工有哪些基本要求?

(1)明洞边坡开挖应根据设计要求采取岩土体加固措施。明洞衬砌施工应仰拱先行、拱墙整体浇筑。

(2)明洞石质开挖应防止爆破影响边仰坡的稳定。

(3)明洞边墙地基承载力应满足设计要求。

(4)明洞衬砌与暗洞衬砌应连接良好。明洞拱圈外模拆除后,应及时按设计做好防水层及纵向盲沟,保证排水通畅。

3209 明洞基础施工应符合哪些规定?

(1)基础开挖应核对地质条件,检测地基承载力,当地基不满足设计要求时,应及时上报监理、设计单位,并按设计单位提供的处理方案施工。

(2)偏压和单压明洞外边墙的基底,在垂直路线方向应按设计要求挖成一定坡度的斜坡,提高边墙抗滑力。

(3)边墙基础混凝土灌注前应排除坑内积水,完成后应及时回填。

3210 明洞防水层施工应符合哪些规定?

(1)防水层施工前应用水泥砂浆将衬砌外表涂抹平顺。

(2)防水卷材应与拱背粘贴紧密,接头搭接长度不小于

100 mm,铺设应自下而上进行,上下层接缝宜错开,不得有通缝。

(3)回填拱背的黏土隔水层应与边坡、仰坡搭接良好,封闭严密。

(4)靠山侧边墙顶或边墙墙后,应设置纵向和竖向盲管(沟),将水引至边墙泄水孔排出。

3211 明洞回填施工应符合哪些规定?

(1)墙背回填应两侧对称进行。底部应铺填0.5~1.0 m厚碎石并夯实,然后向上回填。石质地层中墙背与岩壁空隙不大时,可采用与墙身同级混凝土回填;空隙较大时,可采用片石混凝土或浆砌片石回填密实。土质地层,应将墙背坡面开凿成台阶状,用干砌片石分层码砌,缝隙用碎石填塞紧密,不得任意抛填土石。

(2)墙后有排水设施时,应与回填同时施工。

(3)拱背回填应对称分层夯实,每层厚度不得大于0.3 m,两侧回填高差不得大于0.5 m,回填至拱顶齐平后应分层满铺填筑。

(4)明洞拱圈混凝土达到设计强度后由人工夯实回填至拱顶以上1 m,方可采用机械回填。

3212 明洞施工包含哪些环节?明洞施工顺序有哪些?

隧道明洞施工应合理组织加快施工速度,遵循连贯性原则;开挖后及时衬砌,及时回填,避免边坡长期暴露在外。隧道明洞施工主要包含路堑开按、基底处理、仰拱施工、拱圈施工、拱顶回填等九个环节,各环节施工先后顺序如下:

施工准备→路堑开挖→边坡防护→基地处理→仰拱施工→仰拱回填→拱圈施工→防水层施工→明洞回填。

3213 明洞路堑开挖如何施工?应注意哪些环节?

(1)明洞开工前应按照设计做好洞门截水天沟,避免雨水对明洞边坡的冲刷。

(2)开挖前准确对明洞路堑开口线进行放样,以避免边坡超欠挖造成的浪费。放样的同时测绘明洞实际开挖横断面，计算施工土石方量与设计方量核对。

(3)明洞路堑开挖与路基挖方相同，采取分层开挖，分层高度2～3 m。施工中严格按照设计开挖，尤其是开挖尺寸和边坡坡度。

1)土质挖方采用挖掘机开挖，自卸汽车运输。开挖过程中及时检查开挖尺寸和边坡坡度，及时修整边坡，做到开挖一层边坡修整完成一层。

2)石质挖方采用钻机打眼爆破，挖掘机和装载机装车，自卸汽车运输。石方爆破采用松动爆破，靠近路基边坡一排眼应采用光面爆破或预裂爆破，做好爆破设计。施工过程中严格控制钻孔位置、深度、装药量起爆顺序等。分层开挖过程中及时休整好边坡，撬掉松动的岩石，确保安全。

(4)明洞路堑开挖1～2层放样一次，尤其是最后一层严格控制开挖深度，避免超挖。土方开挖预留20～30 cm人工进行修整整平处理。

3214 明洞施工边坡临时支护应注意什么?

(1)边坡成形经检验合格后进行边坡支护，按照设计进行挂网喷锚的措施。

(2)合理优化施工工艺，边坡支护可与开挖平行作业，开挖出一层支护一层，避免高空作业搭设脚手架。

(3)施工过程中严格按照设计方案进行，主要控制项目：锚杆数量、位置、长度、注浆饱满度、砂浆强度、喷射混凝土厚度和强度。

(4)支护完成后按照规范要求在浇筑完成后的12 h内对混凝土加以覆盖并保湿养生，养生时间按照《隧道工程施工质量验收标准》中规定执行。

3215 明洞施工中基底处理应注意什么?

(1)土质挖方到地基标高后清理浮土，试验室派人在现场进行地基承载力试验，与设计图纸核对。

1)地基承载力达到设计要求,对地基进行夯实,准备进行下道工序;

2)如地基承载力不够,报业主、监理、设计单位变更设计,可采取浆片、混凝土换填等处理措施。

(2)石质挖方到设计标高后清理浮渣,对进入到仰拱范围内的孤石进行小炮处理,经验收合格后进入下道工序。

3216 明洞施工中仰拱及仰拱回填如何施工?

(1)中心排水管施工

按照设计开挖中心排水管沟槽,浇筑管座混凝土,安装中心排水管,回填沟槽。施工过程中注意排水管安装要平顺,与管座间填充密实;沟槽按照设计回填,要求密实平整;按照设计预留检查井和引水管。

(2)仰拱钢筋加工、绑扎

仰拱钢筋在钢筋加工场加工,加工时注意按照规范要求错开钢筋搭接位置,保证搭接长度,钢筋存放在钢筋棚内或用防水布包严,防止锈蚀。

仰拱钢筋加工后运至现场绑扎,绑扎前对钢筋的位置进行放样;绑扎过程中严格控制钢筋位置、间距、保护层厚度、搭接焊缝长度和质量、钢筋绑扎点数量。

仰拱钢筋绑扎完成经验收合格后进行下道工序。

(3)仰拱浇筑

为了避免阻碍隧道运输线,仰拱可分成左右幅施工,纵向长度结合模板台车长度和图纸对沉降缝的要求确定。

施工中主要控制结构尺寸(仰拱顶面高程和曲率符合设计要求)及混凝土施工质量。

(4)仰拱回填

仰拱完成后待具终凝后方可进行仰拱回填,以防止改变仰拱及仰拱填充受力状态。仰拱回填注意控制顶面高程,避免侵入路面结构层。

3217 明洞施工时拱圈如何施工?

(1)模板台车拼装、就位

模板台车按照隧道净空周边加大5 cm设计,预留出变形量和施工误差,预防衬砌侵入隧道净空。加工后运到现场进行拼装,拼装过程中及时修整模板的平整度和模板间的错台,模板如有孔洞及时修补。模板台车内设上下扶梯和工作平台,并在工作平台四周设扶手,确保施工人员安全;模板台车应安装刹车装置。

模板台车拼装完成后检查验收,仔细检查模板的弧度、平整度、模板错台、构件间连接的牢固性。

模板台车验收合格后行进至明洞位置根据测设的中心线就位,主要控制模板平面位置和拱顶高程,以及支撑的牢固性。

(2)拱圈钢筋绑扎

拱圈钢筋在钢筋加工场加工,加工时注意按照规范要求错开钢筋搭接位置,保证搭接长度。加工后运至现场绑扎,绑扎前对钢筋的位置进行放样;绑扎过程中严格控制钢筋位置、间距、保护层厚度、搭接焊缝长度和质量、钢筋绑扎点数量。

钢筋绑扎中注意安装预埋件,要求预埋件固定牢固,防止混凝土浇筑过程中移动。

(3)外模安装

外模要有一定的刚度,拼接密实、支撑牢固。检查重点为模板缝隙和支撑牢固程度,避免跑浆和跑模。

两头端模同样要求拼接密实、支撑牢固。洞门处的端模尤为重点,保证浇筑后位置正确、光滑平整。端模安装过程中按照设计安装环向止水带。

(4)拱圈混凝土浇筑

混凝土由混凝土拌和站集中拌和,混凝土罐车运输,混凝土泵送入模。混凝土泵管架设时要考虑避免摇动和撞击模板台车,防止模板台车移位。

浇筑过程中保证混凝土配合比的正确性,勤移泵管,左右侧同步浇筑，防止模板台车偏压移位；浇筑过程加强振捣，保证混凝土的内部和外观质量。浇筑过程中设专人检查模板台车是否移动变形。

浇筑控制重点：混凝土配合比、混凝土振捣、左右侧混凝土浇筑高差控制在 1 m 以内、模板台车变形、移位。

拱圈拆模后按照设计规范进行养生。外侧采用覆盖洒水养生，内侧采用水枪喷水养生。

模板台车安装中与已浇筑拱圈的搭接尽量小，可减小混凝土浇筑间的错台。

3218　明洞回填在何时进行，质量控制重点有哪些？

明洞回填应在洞外防水层及排水系统施作完成且混凝土强度达到设计强度的 70%后进行，回填前按照设计做好两侧的渗水盲沟。

侧墙回填对称进行，防止拱圈偏压。石质地层中岩壁与墙被空隙较小时用与墙身同级混凝土回填；空隙较大时用片石混凝土或水泥砂浆砌筑片石回填密实。土质底层应将墙背挖成台阶状，用片石分层码砌，缝隙用碎石填塞密实；拱圈处采用人工夯实；顶部略高于两侧地表，预留回填沉落。回填表层土做隔水层，并与边、仰坡搭接平顺，防止地表水下渗。

第三节　浅埋段工程

3301　什么是浅埋隧道？

上部覆盖层不足隧道洞跨 2 倍的隧道或区段属于浅埋式隧道，同时，浅埋段工程包括隧道洞跨加强段。《公路隧道设计细则》(JTG/T D70—2010)对浅埋隧道的定义为：作用在支护结构之上的土压力与隧道埋置深度、地形条件及地表环境基本无关的隧道。《公路隧道设计规范》(JTG D70—2004)浅埋与深埋的分界，按荷载等效高度值,并结合地质条件施工方法等因素综合判定。按荷载等效高度的判定公式为 $H_p=(2\sim2.5)h_q$,H_p为浅埋隧道分界深度,h_q为荷载等效高度。

3302　洞口浅埋段有什么特点,施工时应注意什么?

(1)浅埋段特点

1)覆盖浅、地质差，地表水汇集。

2)进洞顺利与否,对工程的展开影响甚大。

(2)浅埋段施工注意事项

1)先清理洞口边仰坡有可能滑塌的表土及危石。

2)刷坡应自上而下逐段开挖。

3)不采用深眼大爆破开挖边仰坡。

4)洞门范围内的衬砌应与洞身衬砌同时施工,连成整体。

5)端墙砌筑与回填应两侧对称同时进行,以防对衬砌产生偏压。

6)洞口应设置加强衬砌段,其长度一般不小于 10 m。

3303　洞口浅埋段开挖方法应根据哪些因素选择?

选择施工方法应考虑的因素:

(1)施工机具配备情况。

(2)洞外相邻建筑的影响。

(3)地形条件。

(4)地质条件。

3304　洞口浅埋段常见开挖方法有哪些?

(1)全断面法进洞

其适应于Ⅰ、Ⅱ级围岩。注意初始 10～20 m 区段的开挖,应将爆破进尺控制在 2～3 m。

(2)台阶法进洞

1)Ⅳ、Ⅲ级围岩～短台阶

爆破进尺 1.5～2.5 m；网、锚、喷支护。

2）Ⅴ、Ⅳ级围岩～短台阶

爆破进尺在 1.5 m 以内；超前锚杆（或小导管），钢拱架。

3）Ⅵ、Ⅴ级围岩～超短台阶

进尺 0.5～1.0 m；不爆破，人工或机械挖掘。

（3）其他进洞方法

当围岩很差，超短台阶法往往还不够安全，可用：

1）环形开挖留核心土法

2）侧壁导坑法

3）下导坑法

4）预支护法：采用超前锚杆、超前小导管、管棚等预支护方法。适用于软弱地层等情况。

（4）明洞法进洞

在洞口处先作一段明洞，抵紧仰坡坡脚，在明洞上及时回填以加固仰坡，然后暗挖进洞。适用于：覆盖层薄、边仰坡不稳、偏压等。

3305 浅埋段最常采用的辅助施工措施是什么？

浅埋段最常采用的辅助施工措施是采用管棚＋超前小导管超前支护。管棚和超前小导管的环向间距为 0.6 m，管棚外插角 6°～8°，纵向搭接长度不小于 3 m；超前小导管外插角 10°～15°，纵向搭接长度不小于 1 m。

（1）首先进行管棚钻孔（施工超前小导管时不用扩挖）作业空间的扩挖，其扩挖长度为管棚施工里程往后 7～10 m 长度范围，扩挖宽度为 0.5～0.7 m。

（2）利用台阶或搭设脚手架平台作为管棚钻机施工平台，钻机安设要稳定，保证能够承受钻机反推力和向下压力，并保证钻孔时钻头不发生倾斜、下沉、偏移等现象。

（3）管棚采用热轧无缝钢管及钢花管，外径 108 mm，壁厚 6 mm，每节 3～6 m。浆液一般采用纯水泥（添加水泥重量 5％的水玻璃）浆液，浆液水灰比为1∶1（重量比），水玻璃浓度35波美度，模数2.4，注浆压力为0.5～2.0 MPa，注浆结束后，用M10水泥砂浆充填钢管，以增强管棚强度。

（4）小导管采用热轧无缝钢管制成，单根长4 m，外径42 mm，壁厚3.5 mm。在前部钻注浆孔，孔径10 mm，孔间距15 cm，呈梅花型布置，前端加工成锥形，尾部不钻孔作为止浆段。浆液一般采用纯水泥（添加水泥重量5%的水玻璃）浆液，浆液水灰比为1∶1（重量比），水玻璃浓度35波美度，模数2.4，注浆压力为0.5～1.0 MPa。

3306　浅埋段施工应符合哪些规定？

浅埋段和洞口加强段的开挖施工，应根据地质条件、地表沉陷对地面建筑物的影响及保障施工安全等因素选择开挖方法和支护方式，并应符合下列规定：

（1）根据围岩及周围环境条件，可优先采用单侧壁导坑法、双侧壁导坑法或留核心土开挖法；围岩的完整性较好时，可采用多台阶法开挖。严禁采用全断面法开挖。

（2）开挖后应尽快施作锚杆、喷射混凝土、敷设钢筋网或钢支撑。当采用复合衬砌时，应加强初期锚喷支护。Ⅴ级以下围岩，应尽快施作衬砌，防止围岩出现松动。

（3）锚喷支护或构件支撑，应尽量靠近开挖面，其距离应小于1倍洞跨。

（4）浅埋段的地质条件很差时，宜采用地表锚杆、管棚、超前小导管、注浆加固围铲等辅助方法施工。

3307　洞口浅埋偏压地段施工有什么要求？

（1）隧道掘进在洞口排水系统完善及边仰坡防护加固后进行。

（2）偏压严重的洞口地段，应采取措施消除洞身偏压，使洞身两侧的压力基本平衡。消除洞身偏压可采用以下两种方法：一是在偏压下方设置重力式挡土墙，挡土墙与隧道间的空隙部位采用透水性材料回填进行反压，使洞身两侧的压力基本平衡；二是在偏压上方地层挖切，以减轻隧道洞身偏压力。

(3)洞身开挖宜采用分部台阶法进行，围岩特别软弱地段，可以考虑采用单侧壁导坑法或双侧壁导坑法，洞口段施工严禁采用全断面法掘进。

(4)洞身掘进宜采用人工配合风镐的方式进行，弧石应采用松动爆破进行分解，但应严格控制装药量。

(5)宜采用超前锚杆、超前注浆小导管、长管棚、钢拱架和注浆加固围岩等辅助措施进行支护，对于掌子面自稳能力差地段宜采用注浆加固掌子面或采用喷射混凝土封闭掌子面。

(6)加强洞内施工排水，防止因拱脚泡水降低地基承载力。

(7)采用台阶法施工时，下台阶开挖前宜在拱脚设置锁脚锚杆和钢托梁。

(8)加强地表下沉、拱顶下沉和周边收敛等的量测工作。

3308 断层破碎带施工应注意什么问题?

(1)洞身开挖宜采用分部台阶法进行，围岩特别软弱地段，可以考虑采用单侧壁导坑法，断层破碎带施工严禁采用全断面法掘进。

(2)对于风化严重，且裂隙内有大量填充物的断层破碎带，洞身掘进宜采用人工配合风镐的方式进行，其他的断层破碎带洞身掘进宜采用预裂爆破。

(3)宜采用超前锚杆、超前小导管注浆、钢拱架和注浆加固围岩等辅助措施进行支护，对于掌子面为土层且富水地段宜采用注浆加固掌子面。

(4)加强洞内施工排水，防止因拱脚泡水降低地基承载力。

(5)采用台阶法施工时，下台阶开挖前宜在拱脚设置锁脚锚杆和钢托梁。

(6)加强拱顶下沉和周边收敛等量测工作。

3309 浅埋段控制围岩变形，可采取哪些技术措施？

(1)爆破开挖时，应短进尺、弱爆破、早支护，减少对围岩的扰动。

(2)增设拱脚锚杆，提高拱脚处围岩的承载力。

(3)及时施工仰拱或临时仰拱。

(4)地质条件差或有涌水时，可采用地表预注浆结合洞内环形固结注浆。

3310 黄土隧道浅埋段施工有哪些安全要求？应采取哪些相应措施？

(1)为了确保浅埋段隧道施工安全，应加强对技术及施工人员的培训，提高全体参建人员的安全、质量意识。

(2)黄土隧道施工要严格按照"先探测、管超前、非爆破、严控水、短进尺、强支护、勤量测、早衬砌"的原则组织施工。

(3)严格按照设计文件规定的开挖方法进行施工，否则应按照变更程序申请改变施工方案。

(4)在隧道开挖前，对隧道地表中线附近范围进行勘察，对地表冲沟、深井、滑塌、陷穴、地表附着物等不良地质情况进行统计，并按里程桩号逐一登记、拍照，施工中应加强监控量测工作，严格按设计方案施工，确保隧道安全、顺利通过。

(5)每循环进行测量放样，严格控制超欠挖。定期对测量控制点进行检查、复核，避免由于隧底下沉、上鼓、不均匀变形及人工或机械碰撞等原因对控制点的损害。

(6)边墙、仰拱或底板等的地基承载力必须满足设计要求。

(7)开挖后应按设计要求的量测项目及频率进行围岩量测，及时反馈量测信息。

(8)隧道开挖中，应在每次开挖后及时观察、描述围岩裂隙结构状况、岩体软硬程度、出水量大小，核对设计情况，判断围岩的稳定性。

(9)土质隧道在开挖过程中,尽量减少挖掘机对隧道边沿的开挖,应采用人工风镐对隧道周边进行修整,减少对围岩的扰动,避免侧壁或拱顶掉块现象;拱脚、墙角应预留30 cm人工开挖,严禁超挖,拱墙脚严禁被水浸泡;开挖完毕后,应尽早对围岩进行支护封闭,减少围岩暴露的时间。

(10)制定安全施工应急预案,日常做好应急物资储备。

(11)黄土隧道施工应做好洞顶、洞门及洞口防排水系统。洞门及洞内排水沟应先行铺砌,砂浆抹面,防止地表水及施工用水下渗,影响结构安全,地层含水率大时,上台阶掌子面附近宜开挖横向水沟,将水引至隧道中部纵向排水沟排出洞外,以免浸泡拱脚,根据实际,必要时应配合井点降水等措施将地下水位降至隧道二次衬砌底部以下,确保施工顺利进行。

(12)隧道施工作业地段必须保证足够的照明。不安全因素较大的地段应加大照度,在主要交通道路、洞内抽水机站应设置安全照明,漏电地段照明应采用防水灯头和灯罩。

第四章　开挖施工

第一节　超前地质预报

4101　什么是超前地质预报？

通过掌子面的超前钻探、超前导坑或各种类型的地球物理探测等手段来查明隧道前方岩体的状态、特征以及可能发生地质灾害的不良地质体的位置、规模和性质，预测前方未施工段地质情况的方法。

4102　超前地质预报的目的是什么？

超前地质预报，应达到下列主要目的：

(1)在施工前期地质勘察成果的基础上，进一步查明掌子面前方一定范围内围岩的地质条件，进而预测前方的不良地质以及隐伏的重大地质问题。

(2)为信息化设计和施工提供可靠依据。

(3)降低地质灾害发生的风险。

(4)为编制竣工文件提供可靠的地质资料。

4103　隧道地质超前预报有哪些方法？

隧道地质超前预报方法主要有：超前钻孔法、地质雷达法、TSP 法、TGP 法或 TRT 法，目前常用的主要方法为 TSP 法、TGP 法。

4104　隧道地质预报一般包括哪些内容？

(1)地层岩性：如软弱夹层、破碎地层、煤层及特殊岩土。

(2)地质构造：特别对断层、节理密集带、褶皱构造等。

(3)不良地质：特别是溶洞、暗河、人为坑洞、放射性、有害气体、高地应力、高地温、高岩温等发育情况。

(4)地下水：特别是岩溶管道水、富水断层、富水褶皱及富水地层地带等。

4105　超前地质预报按预报距离可划分为哪几种?

(1)长距离预报：对不良地质及特殊地质情况进行长距离宏观预测预报，预报距离一般在距掌子面前方 200 m 以上，并根据揭示情况进行修正。

(2)中距离预报：在长距离预报基础上，采用地震波反射法、超声波反射法、瞬变电磁法、深孔水平钻探等，对掌子面前方 30～200 m 范围内地质情况较详细的预报。

(3)短距离预报：在中长距离预报的基础上，采用红外探测、瞬变电磁法、地质雷达和超前钻孔，微观地探明掌子面前方 30 m 范围内地下水出露、地层岩性及不良地质情况等。

4106　地质预测、预报的频率应符合哪些规定?

(1)地质素描，随开挖进行，每循环进行一次，包括掌子面、左右侧墙、拱顶和隧底。

(2)超前水平孔，宜每 30～50 m 循环一次。断层破碎地层每循环钻 3～5 个孔。连续预报时，前后两循环钻孔应重叠 5～8 m。

(3)地震反射波法、超声波反射法，需连续预报时，前后两次重叠长度应大于 5 m。

(4)红外探测每次预报有效探测距离宜为 10 m，连续预报时，前后两次重叠长度应大于5 m。

4107　不同级别地质灾害可选用哪些预报方法?

1 级预报可用于 A 级地质灾害。采用地质分析法、地震波反射法、超声波反射法、陆地声纳法、地质雷达法、瞬变电磁法、红外探测法、超前水平钻探法等进行综合预报。

2级预报可用于B级地质灾害。采用地质分析法、地震波反射法、陆地声纳法、超声波反射法，辅以红外探测法、瞬变电磁法、地质雷达法，必要时进行超前水平钻孔。

3级预报可用于C级地质灾害。以地质分析法为主。对重要地质层界面、断层或物探异常地段宜采用地震波反射法或超声波反射法进行探测，必要时采用红外探测和超前水平钻孔。

4级预报可用于D级地质灾害。采用地质分析法。

4108 隧道地质灾害分为几级？影响因素是什么？

根据地质对隧道安全的危害程度，地质灾害分为A、B、C、D四级，其影响因素见表4-1。

表4-1 隧道地质灾害分级与影响因素

地质灾害分级		A	B	C	D
		严重	较严重	一般	轻微
地质复杂程度（含物探异常）	岩溶发育程度	极强；厚层块状质纯灰岩，大型溶洞、暗河发育，岩溶密度每平方公里＞15个，最大泉流量＞50 L/s，钻孔岩溶率＞10%	强烈，中厚层灰岩夹白云岩，地表溶洞落水洞密集、地下以管道水为主，岩溶密度每平方公里5～15个，最大泉流量10～50 L/s，钻孔岩溶率5%～10%	中等，中薄层灰岩，地表出现溶洞，岩溶密度每平方公里1～5个，最大泉流量5～10 L/s，钻孔岩溶率2%～5%	微弱，不纯灰岩与碎屑岩互层，地表地下以溶隙为主，最大泉流量＜5 L/s，钻孔岩溶率＜2%
	涌水涌泥程度	特大突水（涌水量＞1×10^5 m^3/d）、大型突水（涌水量1×10^2～1×10^5 m^3/d）突泥，高水压	中小型突水（涌水量1×10^3～1×10^4 m^3 d）、突泥	小型涌水（涌水量1×10^2～1×10^3 m^3/d）、涌泥	涌水量＜1×10^2 m^3/d，涌突水可能性极小
	断层稳定程度	大型断层破碎带、自稳能力差、富水，可能引起大型失稳坍塌	中型断层带，软弱，中～弱富水：可能引起中型坍塌	中小型断层，弱富水，可能引起小型坍塌	中小型断层，无水，掉块

续上表

地质灾害分级		A	B	C	D
		严重	较严重	一般	轻微
地质复杂程度（含物探异常）	地应力影响程度	极高应力，严重岩爆（拉森斯判据<0.083，即岩石点荷载强度与围岩最大切向应力的比值），大变形	高应力、中等岩爆（拉森斯判据 0.083～0.15），中～弱变形	弱岩爆（拉森斯判据 0.15～0.20），轻徽变形	无岩爆（拉森斯判据>0.20），无变形
地质复杂程度（含物探异常）	瓦斯影响程度	瓦斯突出：瓦斯压力≥0.74 MPa，瓦斯放散初速度≥10，煤的坚固性系数≤0.5，煤的破坏类型为Ⅲ类及以上	高瓦斯：全工区的瓦斯涌出量≥0.5 m^3/min	低瓦斯：全工区的瓦斯涌出量<0.5 m^3/min	无
地质因素对隧道施工影响程度		危及施工安全，可能造成重大安全事故	存在安全隐患	可能存在安全问题	局部可能存在安全问题
诱发环境问题的程度		可能造成重大环境灾害	施工、防治不当，可能诱发一般环境问题	特殊情况下可能出现一般环境问题	无

4109 超前地质探测和预报工作程序是什么？

超前地质探测和预报工作程序如图 4-1 所示。

4110 地质素描和分析的主要内容是什么：

(1)工程地质

1)地层岩性。包括岩性、产状等。

2)断层。包括断层性质、位置、产状、破碎带宽度等。

3)节理。包括节理产状、密度、延伸情况等。

4)地应力现象。包括岩爆、软弱夹层挤出、探孔饼状岩心等。

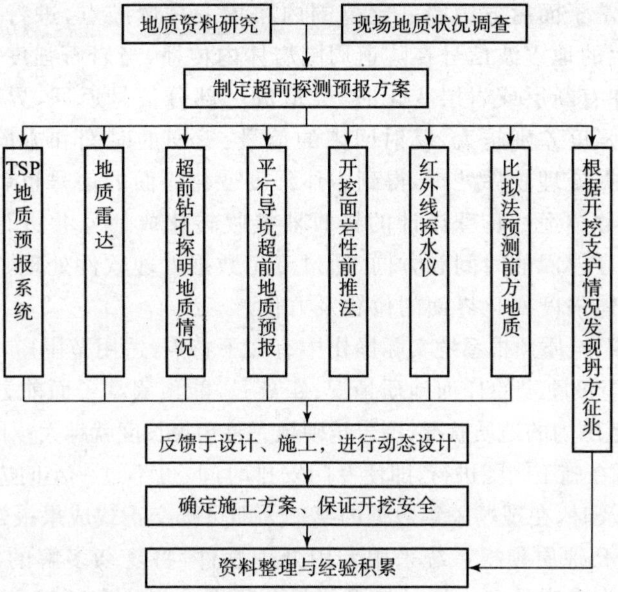

图 4-1　超前地质探测和预报工作程序图

5)特殊地层。如煤层、沥青层、盐层、含铁矿层等。

6)塌方的部位、方式与规模等。

7)有害气体及放射性危害源等。

8)岩洞。包括形态、位置、规模、充填物成分等。

(2)水文地质

1)出水点位置、出水状态、水量、水压、水温、颜色等。

2)水质分析，判定地下水对结构材料的腐蚀性。

3)出水点和地层岩性、构造、岩溶、暗河等的关系分析。

4)建立气候气象、水文观测的档案等。

(3)摄像和照片

4111　TSP 隧道超前地质预报的原理和特点是什么？如何实施。

TSP 超前地质预报系统是利用地震波在不均匀地质中产生的反射波特性来预报隧道掘进面前方及周围临近区域地质状况。

它是在掌子面后方边墙一定范围内布置一排爆破点，进行微弱爆破，产生的地震波信号在隧道周围岩体内传播，当岩石强度发生变化，比如有断层或岩层变化时，会造成一部分信号返回，界面两侧岩石的强度差别越大，反射回来的信号、返回的时间和方向，通过专用数据处理软件处理，得到岩体强度变化界面的信号也就越强。返回信号被经过特殊设计的接收器接收转化成信号并进行放大，根据信号返回的时间和方向，通过专用数据处理软件处理，就可以得到岩体强度变化界面的位置及方位。

TSP 地质预报系统实际操作中有如下特点：适用范围广，适用于极软岩至极硬岩的任何地质情况；距离长，能预测掌子面前方 100～200 m 范围内的地质状况，围岩越硬越完整预报长度就越大；对施工干扰小，可在施工间隙进行，即使专门安排时间，也不过一小时左右；提交资料及时，在现场采集数据的第二天即可提交正式成果报告。

TSP 地质预报系统采用专用处理软件，将复杂多解的波形分析转换为直观的单一解的波形能量分析图。将隧道顶部和底部的波形能量分析图分析确定之后，可得出断层破碎带、软弱夹层或其他不良地质相对于隧道的空间位置，计算机自动绘出弹性波速度有差异的地质界面相对于隧道轴线的地质平面图和纵断面图。但也存在预报准确性和预报精度方面的问题，需要采用其他预报手段来补充和完善。

TSP 地质预报系统现场测试示意图如图 4-2 所示。

4112　超前钻孔法怎么进行超前地质预报？

超前钻孔法是通过在开挖面进行超前钻孔，通过钻孔面围岩级别、岩性、围岩风化变质情况、节理裂隙、产状、地下水等情况进行观察和测定后，绘制地质素描图，利用罗盘仪、地质锤、放大镜、皮尺等简单工具对开对洞内围岩地质特征变化分析来推测开挖面前方的地质情况，据以指导施工。

超前水平钻探可根据需要探测和了解隧道开挖前方几米、几十米乃至上百米范围内围岩的工程地质情况。

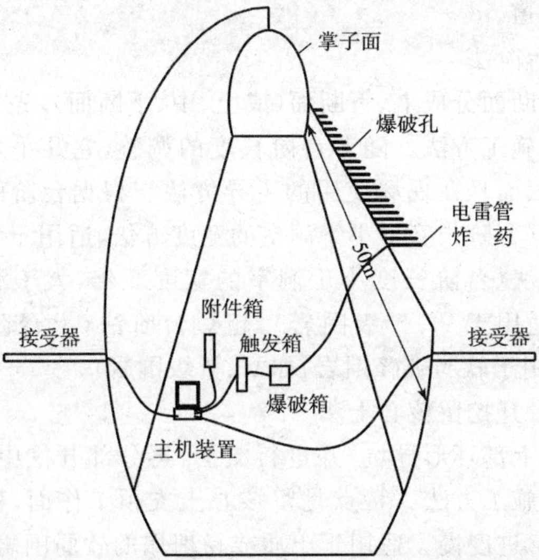

图 4-2　TSP 地质超前预报系统现场测试示意图

对前方地下水涌水的预报，采用钻探探孔喷水的距离进行判定，施作程序如下：暂时封闭水量较小的探孔，只留一个喷距最远的测量其喷距离（如完全封闭有困难，可尽量堵塞，减小其流量）；把实测喷距换算成标准条件下的喷距。即高出水平面 1 m（$y=1$）时的喷距；根据换算后的喷距，对涌水量进行预报。一般喷距小于 5 m，流量小于 100～400 m^3/h 为小型突水，可加大探孔长度，试挖前进；喷距9～12 m，流量 400 m^3/h 以上为中型突水，应停止施工，探明情况；喷距 12 m 以上，为大型突水，应立即停止施工，探明情况，从速处理。

第二节　开挖方法

4201　隧道的主要开挖方法及其适用范围有哪些？

（1）全断面法

采用全断面一次开挖成形的施工方法。适用于Ⅲ、Ⅱ、Ⅰ级围岩的中长隧道。

(2)正台阶法

将设计断面分成上、下断面(或上、中、下断面),先上后下分次开挖成形的施工方法。随着台阶长度的调整,它几乎可以用于所有的地层,因而是在现场使用的主导方法。根据台阶的长度可分为长台阶法(台阶长度不小于洞室的宽度五倍,适用于Ⅲ～Ⅰ级围岩)、短台阶法(台阶长度小于洞室的宽度 5 倍,大于洞室的宽度 1～1.5倍,适用于Ⅴ、Ⅳ级围岩)、超短台阶法(上台阶长度仅为 3～5 m,适用于软弱破碎围岩,如Ⅴ、Ⅵ级围岩)。

(3)环形开挖留核心土法

先开挖上部环形导坑,并进行支护,再分部开挖中部核心土、两侧边墙的施工方法。特点是留核心土支顶工作面,稳定性优于超短台阶法,进度慢。适用于土质或易坍塌的软弱围岩;只能采用小型施工机具。

(4)中隔壁法(CD 法)

先开挖隧道一侧,并施工中隔壁,然后再开挖另一侧的施工方法。特点是:①洞室开挖跨度减小,有利于围岩稳定;②导坑要闭合,增加了材料用量;③进度慢。适用于断面跨度大,对地表沉陷有控制要求的软弱围岩。

(5)交叉中隔壁法(CRD 法)

先开挖隧道一侧的一两部分,施工部分中隔壁墙,再开挖隧道另一侧的一两部分,然后再开挖最先施工一侧的最后部分,并延长中隔壁墙,施工临时仰拱,最后开挖剩余部分的施工方法。

(6)双侧壁导坑法

先开挖隧道两侧的导坑,并进行初期支护,再分部开挖剩余部分的施工方法。

(7)中导洞法

在连拱隧道或隧道的喇叭口地段,先开挖两洞之间中墙部分,并完成中墙混凝土浇筑后,再进行左右两洞开挖的施工方法。特点是:①双导坑,使洞室最大开挖跨度更小,稳定性增加;

②耗材增加；③进度慢。适用于对地表沉陷要求更高，或跨度更大的隧道。

4202　什么是超前支护，主要方法有哪些？简述各方法的原理和适用。

超前支护是指在隧道施工中，对开挖工作面前方围岩进行预加固的支护。常用的方法有：

(1)管棚

在开挖工作面的轮廓线外按一定外插角插入带孔直径为 70～180 mm 的钢管，压注水泥浆或水泥砂浆并将钢管尾部与钢架焊接为一体形成的支护体系。管棚主要适用于围岩压力来得快、来得大，用于对围岩变形及地表下沉有较严格限制要求的软弱破碎围岩隧道工程中。如土砂质地层、强膨胀性地层、强流变性地层、裂隙发育的岩体、断层破碎带、浅埋有显著偏压等围岩的隧道中。此外，在一般无胶结的土及砂质围岩中，可采用插板封闭较为有效；在地下水较多时，则可利用钢管注浆堵水和加固围岩。

(2)小导管预注浆

在开挖前，沿开挖面的拱部外周插入直径为 38～70 mm 的带孔钢管，压注浆液。超前小导管注浆不仅适用于一般软弱破碎围岩，也适用于地下水丰富的松软围岩。但超前小导管注浆对围岩加固的范围和强度是有限的，在围岩条件特别差而变形又严格控制的隧道施工中，超前小导管注浆常常作为一项主要的辅助措施，与管棚结合起来加固围岩。

(3)超前锚杆

在开挖前，沿隧道拱部按一定角度设置的起着预加固围岩作用的锚杆。预注浆为了固结围岩或堵水，在地面或在掌子面或沿拱部开挖轮廓线进行的超前注浆。超前锚杆主要适用于地下水较少的软弱破碎围岩的隧道工程中，如土砂质地层、弱膨胀性地层、流变性较小的地层、裂隙发育的岩体、断层破碎带、浅埋无显著偏压的隧道等，也适宜于采用中小型机械施工。

(4)全封闭注浆

全封闭注浆是超前预注浆的一种。沿开挖轮廓线或掌子面，按一定的间距，钻孔直径为 70～180 mm，一般孔深为 30～50 m，向孔内压注某种液浆(水泥浆或水泥—水玻璃双液浆)，浆液的扩散将钻孔周围一定范围内岩缝中的水挤走，并和相邻钻孔的浆液与周围的岩体固结成一体，形成止水帷幕。它更适用于有压地下水及地下水丰富的地层中，也更适用于采用大中型机械化施工。

4203 管棚法的优缺点及施工要点是什么?

管棚法可用在所有预支护措施中，管棚支护能力最强。但其缺点是施工技术较复杂，造价较高。

管棚法的施工要点：

(1)单根长 4～6 m，总长可至数十米。

(2)一环管棚长度一般不小于 10 m。

(3)可向管内注入水泥砂浆，以增加其刚度。

(4)钢管的尾部需架设在钢拱架上，并焊死。

(5)相邻两榀钢拱架间以拉筋相连。

(6)与岩壁之间，环向每隔 2 m 应用楔子楔紧。

4204 小导管设计时应注意哪些问题?

(1)注浆材料：水泥浆，或水泥～水玻璃浆。

(2)注浆压力：0.5～1.0 MPa。

(3)单根导管浆液扩散半径，按下式计算：

$$R=(0.6\sim0.7)b$$

式中 b——导管中至中间距。

(4)单根导管注浆量：

$$Q=\pi R^2 ln$$

式中 l——导管长度，m；

n——围岩空隙率，%。

(5)注浆效果检查：取岩芯，达设计要求后才能进行开挖。

4205 小导管施工时外插角如何控制?

在洞外明暗洞交界处架立型钢拱架,用钢筋焊接成一个整体。在钢支撑上安装导向钢管,与管棚位置方向一致。在架立型钢拱架时,采用全站仪控制内外两榀型钢拱架拱顶标高及中线位置,使内榀型钢拱顶位置比外榀型钢拱顶位置有一定高差控制管棚的外插角度数。型钢拱架架立完毕后,安装导向管时,先安设中心线位置导向管,其他导向管采用钢模卡具控制左右偏差。然后浇筑混凝土包裹钢支撑和导向管。然后开始钻孔,钻孔时采用斜测仪量测钻孔偏斜度。

(1)钻孔前搭设管棚钻机平台,安装钻机。钻机平台用钢管脚手架搭设,平台一次性搭好,连接要牢固稳定,钻孔从高孔位向低孔位对称进行,间隔钻眼。

(2)钻机定位:钻机要求与设定好的导向管平行,水平仪测量钻头与钻机尾的高差控制外插角、挂线、钻杆导向相结合,确保钻机钻杆轴线与导向管轴线吻合。

(3)开孔低速低压,压力控制在 0.8 MPa 为宜。

(4)钻进过程中用全站仪检测外插角,进行结果分析。钻进过程中确保潜孔冲击器、扶正器、扩孔钻头按同心圆钻进。

(5)测定时拔出钻杆、钻头,将光源装置和十字小孔透光板沿套管送入孔底,然后用全站仪测定其偏移量,校核是否符合要求。

(6)弯孔修正:在弯曲部分填充比周围地层强度大的砂浆,待凝固后,从开始弯曲的地点重新钻孔。

4206 全断面开挖法的优缺点及施工时注意事项有哪些?

(1)全断面开挖法的优缺点

1)全断面开挖有较大的工作空间,适用于大型配套机械化施工,施工速度快,因单工作面作业,便于施工组织和管理。一般应尽量采用全断面开挖法。但开挖面大,围岩相对稳定性降低,且每循环工作量相对较大，因此要有较强的开挖、出渣能力和相应的支护能力。

2)采用全断面开挖，则有较大的断面进尺比(即开挖断面面积与掘进进尺之比)，可获得较好的爆破效果，且爆破对围岩的振动次数较少，有利于围岩的稳定。但每次爆破振动强度却较大，因此要求进行严格的控制爆破设计，尤其是对于稳定性较差的围岩。

(2)采取全断面法开挖时应注意的事项

1)摸清开挖面前方的地质情况，随时准备好应急措施(包括改变施工方法)，以确保施工安全。尤其应注意突然发生的地质条件恶化，如地下泥石流。

2)各工序使用的机械设备务求配套，以充分发挥机械设备的使用效率和各工序之间的协调进行，在保证隧道稳定安全条件下，提高施工速度。

3)在软弱破碎围岩中使用全断面法开挖时，应加强对辅助施工方法的设计和作业检查，以及对支护后围岩的动态量测与监控。

4207 台阶开挖法的优缺点及施工时注意事项有哪些?

(1)台阶开挖法的优缺点

1)台阶开挖法可以有足够的工作空间和适当的施工速度。但上下部作业有干扰。

2)台阶开挖虽增加对围岩的扰动次数，但台阶有利于开挖面的稳定。尤其是上部开挖支护后，下部作业就较为安全，但应注意下部作业时对上部稳定性的影响。

(2)台阶开挖时应注意的事项

1)台阶长度要适当。按台阶长短可分为长台阶、短台阶、微台阶，选用何种台阶，应根据两个条件来确定：其一是初期支护形成闭合断面的时间要求，围岩稳定性愈差，闭合时间要求愈短；其二是上半断面施工时开挖、支护、出渣等机械设备所需的空间大小的要求。

2)解决好上、下半断面作业的相互干扰问题。微台阶基本上是合为一个工作面进行同步掘进；长台阶基本上拉开，干扰较小；而短台阶干扰就较大，要注意作业组织；对于长度较短的隧道，可将上半断面贯通后，再进行下半断面施工。

3)下部开挖时，应注意上部的稳定。若围岩稳定性较好，则可以分段顺序开挖；若围岩稳定性较差，则应缩短下部掘进循环进尺；若稳定性更差，则可以左右错开，或先拉中槽后挖边帮。

4208　分部开挖法的优缺点及施工时注意事项有哪些？

分部开挖法是将隧道断面分部开挖逐步成形，且一般将某部超前开挖，故也可成为导坑超前开挖法。常用的有上下导坑超前开挖法等。

(1)分部开挖法的优缺点

1)分部开挖因减少了每个坑道的跨度(宽度)，能显著增强坑道围岩的相对稳定性，且易于进行局部支护，因此它主要适用于围岩软弱破碎严重的隧道或设计断面较大的隧道中。分部开挖由于作业面较多，各工序相互干扰较大，且增加了对围岩的扰动次数，若采用钻爆掘进，则更不利于围岩的稳定，施工组织和管理的难度也较大。

2)导坑超前开挖，有利于提前探明地质情况，并予以及时处理。但若采用的导坑断面过小，则施工速度就较慢。

(2)分部开挖时应注意的事项

1)因工作面较多，相互干扰大，应注意组织协调，实行统一指挥。

2)由于多次开挖对围岩的扰动大，不利于围岩的稳定，应特别注意加强对爆破开挖的控制。

3)应尽量创造条件，减少分部次数，尽可能争取用大断面开挖。

4)凡下部开挖,均应注意上部支护或衬砌的稳定,减少对上部围岩及支护、衬砌的扰动和破坏,尤其是边帮部位开挖时。

4209 简述全断面法开挖、支护顺序。

全断面法开挖、支护顺序如图 4-3 所示。

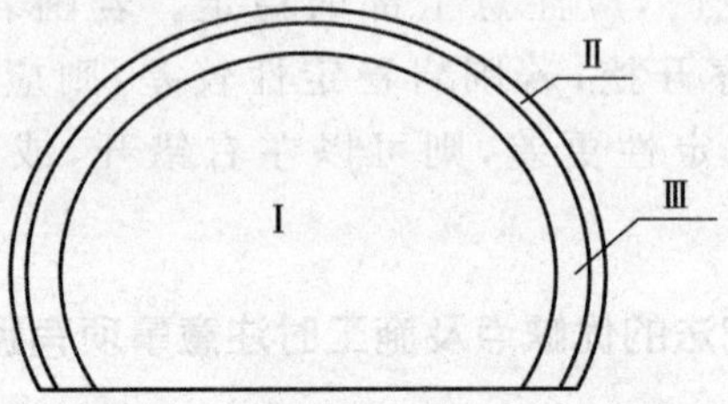

图 4-3 全断面法开挖、支护顺序

全断面法洞身开挖循环进尺可按 2.5～5.0 m 控制,实际施工时应根据围岩状况及钻眼机具的钻孔深度确定。开挖支护顺序如下:

第一步:Ⅰ部分全断面开挖;

第二步:Ⅱ部分进行喷射混凝土支护或喷锚联合支护;

第三步:Ⅲ部分进行洞身二次衬砌施工。

4210 简述台阶法开挖、支护顺序。

台阶法开挖、支护顺序如图 4-4 所示。

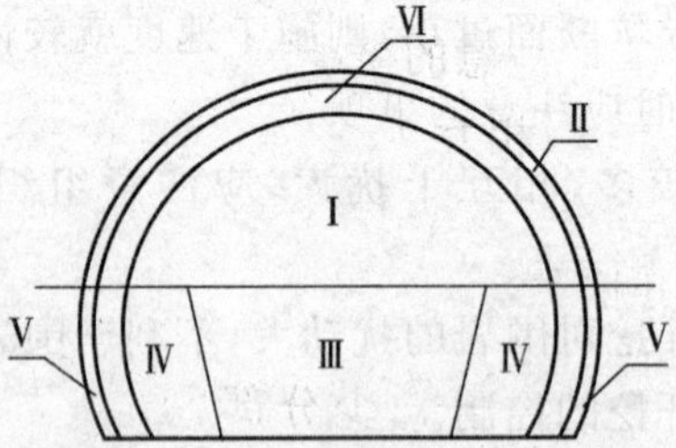

图 4-4 台阶法开挖、支护顺序

台阶法洞身开挖循环进尺宜按 1.5 倍的钢拱架间距进行；上、下台阶间距：软弱围岩地段宜采用微台阶（上、下台阶间距 3～5 m），以确保初期支护及时封闭成环；一般地段采用长台阶法（上、下台阶间距 60 m 以上），以避免上、下台阶施工作业的相互干扰。开挖支护顺序如下：

第一步：Ⅰ部分上台阶开挖；

第二步：Ⅱ部分拱部进行喷射混凝土支护或喷锚联合支护；

第三步：Ⅲ部分下台阶中槽开挖；

第四步：Ⅳ部分边墙开挖；

第五步：Ⅴ部分边墙进行初期支护；

第六步：Ⅵ部分进行洞身二次衬砌施工。

4211 简述台阶分部法开挖、支护顺序。

台阶分部法开挖、支护顺序如图 4-5 所示。

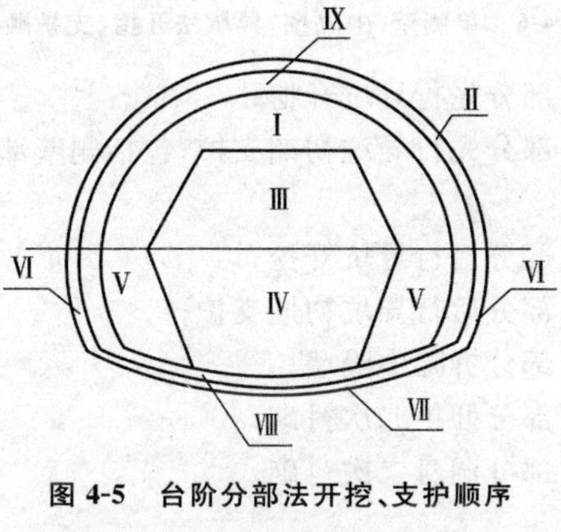

图 4-5 台阶分部法开挖、支护顺序

第一步：Ⅰ部分上台阶弧形导坑开挖；

第二步：Ⅱ部分拱部进行初期支护；

第三步：Ⅲ部分上台阶核心土开挖；

第四步：Ⅳ部分下台阶中槽开挖；

第五步：Ⅴ部分下台阶边墙开挖；

第六步：Ⅵ部分下台阶边墙初期支护；

第七步：Ⅶ部分仰拱初期支护；

第八步：Ⅷ部分仰拱衬砌；

第九步：Ⅸ部分洞身二次衬砌。

4212 简述单侧壁(中隔壁)导坑法开挖、支护顺序。

单侧壁(中隔壁)导坑法开挖、支护顺序如图 4-6 所示。

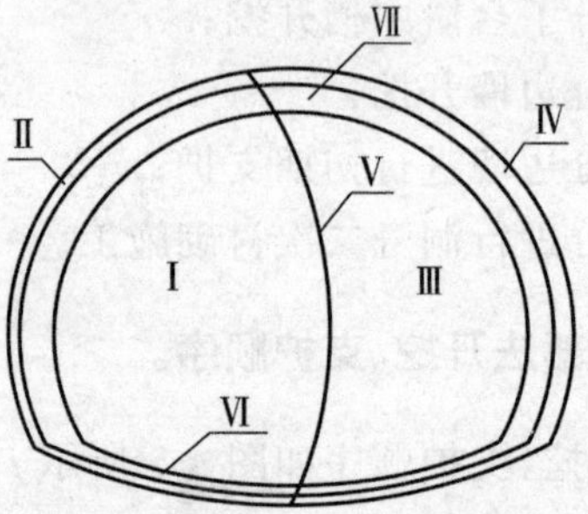

图 4-6 单侧壁(中隔壁)导坑法开挖、支护顺序

第一步：Ⅰ部分先行导坑开挖；

第二步：Ⅱ部分先行导坑初期支护，包括侧壁部分中隔墙的设立与支护；

第三步：Ⅲ部分后行导坑开挖；

第四步：Ⅳ部分后行导坑初期支护；

第五步：Ⅴ部分拆除中隔墙；

第六步：Ⅵ部分仰拱二次衬砌；

第七步：Ⅶ部分洞身二次衬砌。

4213 简述双侧壁导坑法开挖、支护顺序。

双侧壁导坑法开挖、支护顺序如图 4-7 所示。

第一步：Ⅰ部分先行导坑开挖；

第二步：Ⅱ部分先行导坑初期支护，包括所含中隔壁的初期支护；

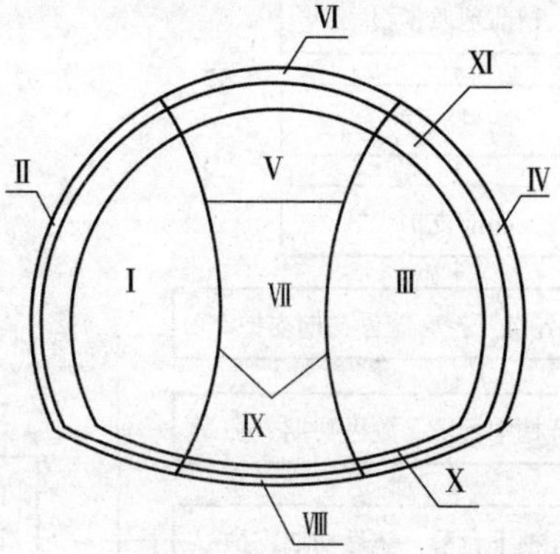

图 4-7　双侧壁导坑法开挖、支护顺序

第三步：Ⅲ部分后行导坑开挖；

第四步：Ⅳ部分后行导坑初期支护，包括所含中隔壁的初期支护；

第五步：Ⅴ部分中央部拱顶开挖；

第六步：Ⅵ部分中央部拱顶初期支护；

第七步：Ⅶ部分中央部下部开挖；

第八步：Ⅷ部分中央部仰拱初期支护；

第九步：Ⅸ部分拆除中隔壁；

第十步：Ⅹ部分仰拱二次衬砌；

第十一步：Ⅺ部分洞身二次衬砌。

4214　简述三台阶七步法的工艺流程。

三台阶七步法：先开挖上部导坑成环形，施做拱部初期支护；再中、下台阶左右错开开挖，施做墙部初期支护；最后为中心预留核心土开挖、隧底开挖，施做隧底初期支护。每部开挖后均应及时支护，隧底初期支护后应及时施做仰拱，尽早封闭成环。三台阶七步法施工工艺流程如图 4-8 所示。

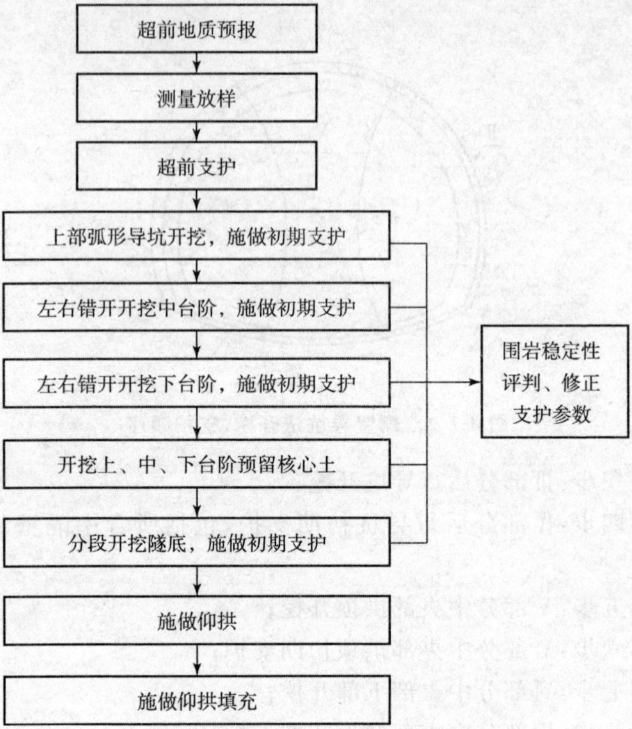

图 4-8　三台阶七步法施工工艺流程

4215　简述三台阶七步开挖法施工工序。

(1)上部弧形导坑开挖

在拱部超前支护后进行，环向开挖上部弧形导坑，预留核心土，核心土长度宜为 3～5 m，宽度宜为隧道开挖宽度的 1/3～1/2。开挖循环进尺最大不得超过 1.2 m，开挖后立即初喷 3～5 cm 混凝土。开挖后应及时进行喷、锚、网系统支护，架设钢架，在拱架拱脚以上 30 cm 高度处，紧贴钢架两侧边沿按下倾 30°打设锁脚锚杆，锁脚锚杆与钢架牢固焊接，复喷混凝土至设计厚度。

(2)左、右侧中台阶开挖

开挖循环进尺最大不得超过 1.2 m，开挖高度为 2 m，左右侧台阶错开 2～3 m，开挖后立即初喷 3～5 cm 混凝土。及时进行喷、锚、网系统支护，接长钢架，在拱架拱脚以上 30 cm 高度处，紧贴钢架两侧边沿按下倾 30°打设锁脚锚杆，锁脚锚杆与钢架牢固焊接，复喷混凝土至设计厚度。

(3)左右侧下台阶开挖

开挖循环进尺最大不得超过 1.2 m，开挖高度一般为 3～3.5 m，左右侧台阶错开 2～3 m，开挖后立即初喷 3～5 cm 混凝土。及时进行喷、锚、网系统支护，接长钢架，在拱架拱脚以上 30 cm 高度处，紧贴钢架两侧边沿按下倾 30°打设锁脚锚杆，锁脚锚杆与钢架牢固焊接，复喷混凝土至设计厚度。

(4)上、中、下台阶预留核心土开挖

各台阶分别开挖预留的核心土，开挖进尺与各台阶循环进尺相一致。

(5)隧底开挖

每循环开挖长度宜为 2～3 m，开挖后及时施做仰拱初期支护，完成两个隧底开挖、支护循环后，及时施做仰拱，仰拱分段长度宜为 4～6 m。

4216　三台阶七步开挖法施工控制要点有哪些？

(1)三台阶七步开挖法施工应做好工序衔接。工序安排应紧凑，尽量缩短围岩暴露时间，避免因长时间暴露引起围岩失稳。

1)初期支护应及时封闭成环，全断面初期支护闭合时间宜控制在 15 d 左右，有条件应尽量缩短闭合时间。

2)仰拱应超前施做，仰拱距上台阶工作面宜控制在 30～40 m，铺设防水板、二次衬砌等后续工作应及时进行。

3)二次衬砌距仰拱宜保持 2 倍以上衬砌循环作业长度，但不得大于 50 m。

(2)在满足作业空间和台阶稳定的前提下，应尽量缩短台阶长度，核心土长度应控制在 3～5 m，宽度宜为隧道开挖宽度的

1/3～1/2。

(3)三台阶七步开挖法施工应严格控制进尺长度，根据围岩地质情况，合理确定循环进尺，每次开挖长度不得超过 1.5 m，开挖后立即初喷 3～5 cm 混凝土，以减少围岩暴露时间。

(4)严格按照设计要求施做超前支护，控制好超前支护外插角，严格按注浆工艺加固地层，保证隧道开挖在超前支护的保护下施工。

(5)隧道周边部位应预留 30 cm 人工开挖，其余部位宜采用机械开挖，局部需要爆破时，必须采用弱爆破，不得超挖。施工时应严格控制装药量，减少对围岩的扰动。

(6)中、下台阶左、右侧开挖应错开，严禁对开，左右侧错开距离宜为 2～3 m。

(7)钢架应严格按设计及规范要求加工制作和架设。钢架应架设在坚实基面上，严禁拱(墙)脚悬空或采用虚渣回填。钢架应与锁脚锚杆(管)焊接牢固。

(8)隧道超挖部位必须回填密实，严禁初期支护背后存在空洞。必要时初期支护背后应进行充填注浆，保证初期支护与围岩密贴。

(9)应加强监控量测工作，根据量测结果，及时调整支护参数，确定二次衬砌施做时间，进行信息化施工管理。

4217　土质隧道与石质隧道开挖原则有什么不同?

土质隧道施工严格按照“严控水、强支护、短进尺、勤量测”的原则组织施工，应特别注意地表冲沟、陷穴对隧道的影响，要加强调查和处理。

石质隧道破碎带按照“先支护、后开挖、短进尺、弱爆破、快封闭、勤量测”的原则进行组织施工。

4218　隧道开挖有哪些基本要求?

(1)隧道开挖断面的中线和高程必须符合设计要求。

(2)隧道开挖应严格控制欠挖。当围岩完整、石质坚硬时，岩石个别突出部分(每 1 m^2 不大于 0.1 m^2)侵入衬砌应小于 5 cm。拱脚和墙脚以上 1 m 范围内断面严禁欠挖。

(3)洞身开挖中，应在每一次开挖后及时观察、描述开挖面地层的层理、节理、裂隙结构状况、岩体的软硬程度、出水量大小等，核对设计地质情况，判断围岩稳定性。

(4)光面爆破或预裂爆破钻眼前，应根据钻爆设计图准确标出炮眼位置，钻孔时应按钻爆设计要求严格控制炮眼的间距、深度和角度。掏槽眼的眼口间距和深度允许偏差为 5 cm。周边眼的间距允许偏差为 5 cm，外插角应符合钻爆设计要求，眼底不应超出开挖轮廓线 15 cm。

(5)隧底开挖轮廓和底部高程应符合设计要求。隧底范围石质坚硬时，岩石个别突出部分(每 1 m^2 不大于 0.1 m^2)侵入衬砌应小于 5 cm。

(6)隧底开挖后应及时核对隧底地质情况。当需要进行加固处理时，应符合设计要求。

(7)光面爆破或预裂爆破的炮眼痕迹保存率，硬岩不应小于 80%，中硬岩不应小于 60%，并在开挖轮廓面上均匀分布。

(8)水沟开挖位置、基底高程应符合设计要求，靠边墙的水沟应与边墙基础同时开挖、一次成形。

4219 隧道开挖应采取哪些安全、质量控制措施?

(1)加强对技术及施工人员的培训，提高全体参建人员的安全、质量意识。

(2)岩石隧道坚持“弱爆破、短进尺、强支护、早封闭、勤量测”的原则，土质隧道施工严格按照“先探测、管超前、非爆破、严控水、短进尺、强支护、勤量测、早衬砌”的原则组织施工。

(3)严格按照设计文件规定的开挖方法进行施工，否则应按照变更程序申请改变施工方案。

(4)在隧道开挖前，对隧道地表中线附近范围进行勘察，对地表冲沟、深井、滑塌、陷穴、地表附着物等不良地质情况进行统计，并按里程桩号逐一登记、拍照，尤其是隧道下穿高速公路等大型构筑物地段，施工中应加强监控量测工作，严格按设计方案施工，确保隧道安全、顺利通过。

(5)每循环进行测量放样，严格控制超欠挖。定期对测量控制点进行检查、复核，避免由于隧底下沉、上鼓、不均匀变形及人工或机械碰撞等原因对控制点的损害。

(6)边墙、仰拱或底板等的地基承载力必须满足设计要求。软弱地基处理方法和施工质量应符合设计要求。

(7)开挖后应按设计要求的量测项目及频率进行围岩量测，及时反馈量测信息。

(8)隧道开挖中，应在每次开挖后及时观察、描述围岩裂隙结构状况、岩体软硬程度、出水量大小，核对设计情况，判断围岩的稳定性。

(9)土质隧道在开挖过程中，尽量减少挖掘机对隧道边沿的开挖，应采用人工风镐对隧道周边进行修整，减少对围岩的扰动，避免侧壁或拱顶掉块现象。拱脚、墙角应预留 30 cm 人工开挖，严禁超挖。土质隧道拱墙脚严禁被水浸泡。开挖完毕后，应尽早对围岩进行支护封闭，减少围岩暴露的时间。

(10)制定安全施工应急预案，日常做好应急物资储备。

(11)洞口工程施工，宜避开雨季和严寒季节。

(12)洞口施工前，应先检查边、仰坡以上山坡稳定情况，清除悬石，处理危石，施工期间实施不间断监测和防护。

(13)土质隧道施工应做好洞顶、洞门及洞口防排水系统。洞门及洞内排水沟应进行铺砌，砂浆抹面，防止地表水及施工用水下渗，影响结构安全。

地层含水率大时，上台阶掌子面附近宜开挖横向水沟，将水引至隧道中部纵向排水沟排出洞外，以免浸泡拱脚。必要时应配合井点降水等措施将地下水位降至隧道二次衬砌底部以下，确保施工顺利进行。

(14)爆破作业时，所有人员应撤离至不受有害气体、振动及飞石伤害的安全地点。安全地点至爆破工作面的距离，在独头坑道内不应小于 200 m，当采用全断面开挖时，应根据爆破方法与装药量计算确定安全距离。

当相对开挖工作面相距 40 m 时，两端施工应加强联系，统一指挥。当两开挖工作面相距 10～15 m 时，应从一端开挖贯通。

设置放炮前的安全检查员，及时检查现场的安全情况，以确定是否可以起爆，爆破后经专职安全员检查，排除瞎炮等安全隐患后，其他人员方可进入施工现场。

第三节　钻爆设计

4301　根据炮眼的位置、作用的不同可分为哪几种炮眼？

按照炮眼的位置、作用的不同有三种炮眼，即掏槽眼、辅助眼、周边眼，如图 4-9 所示。

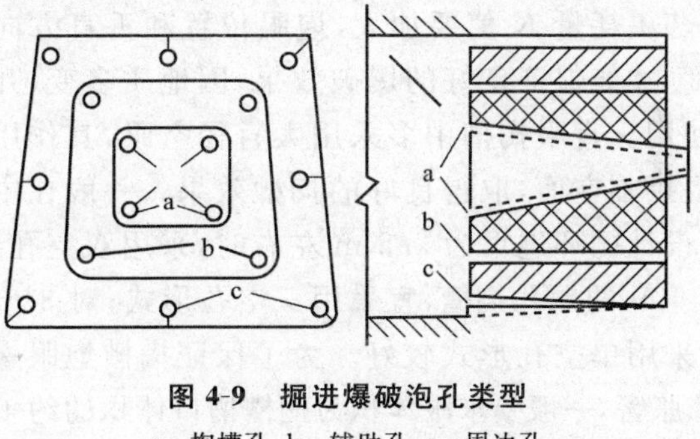

图 4-9　掘进爆破泡孔类型

a—掏槽孔；b—辅助孔；c—周边孔

4302　掏槽眼的作用是什么？如何进行设计？

掏槽眼的作用是将开挖面上适当部位先掏出一个小型槽口，以形成新的临空向，为后爆的辅助炮开创更有利的临空面，达到提高爆破效率的作用。掏槽眼本身只有一个临空面，且受周围岩石的挤压作用，故常需要采用较大的爆药单位消耗 K 值和较大的装药系数 A 值，以增大爆破粉碎区，并利用爆炸冲击波及爆炸产物作功，将岩石抛掷出槽口。合理布置掏槽眼(掏槽炮)应掌握好炮眼的三度：深度、密度和斜度，并通过计算确定用药量及放炮顺序等。为保证掏槽炮能有效地将石渣抛出槽口，常将掏槽眼比设计掘进进尺加深 10～20 cm，并采用反向边装药和用双雷管起爆。槽口尺寸常在 1.0～2.5 m^2 之间，要与循环进尺、断面大小和掏槽眼方式相协调。要求掏槽眼口间距误差和眼底间距误差不得大于 5 m。

掏槽方式一般可分为斜眼掏槽和直眼掏槽两大类。斜眼掏槽的优点：可按岩层实际情况选择掏槽方式和掏槽角度，容易把石渣抛出槽口且掏槽眼数目较少。其缺点是泡眼密度受坑道断面尺寸的限制，不便于多台钻机同时钻眼，钻眼方向难掌握准确。直眼掏槽的优点：便于多机同时钻眼和不受断面尺寸对爆破进尺的限制，适用于深孔爆破，从而为加快掘进速度提拱有利条件，且掏槽石渣抛掷距离较短。目前现场多采用直眼掏槽。但其缺点是其炮眼数目较多，炸药单耗量 K 值要加大，炮眼位置和垂直方向要求具有较高的精度，才能保证良好的爆破效果，因地质多变，几种掏槽方式可混合使用。直眼掏槽中多采用大直径空眼，其作用相当于为装药掏槽提拱临空面，取得良好的掏槽效果。一般在中硬和坚硬岩层中，当设计循环进尺为 3.5 m 左右时，采用双空孔形式最佳；对 3.5～5.0 m 的深孔掏槽，宜采用三空孔形式；对 3 m 以下的浅眼掏槽，则采用单空孔形式较好。为了保证掏槽炮眼爆炸后岩渣有足够的膨胀窨，一般要求眼体积为掏槽槽口体积的约 10%～20% 为宜。

4303 辅助眼的作用是什么？如何进行设计？

辅助眼的作用是进一步扩大槽口体积和爆破量，并逐步接近开挖断面形状，为周边眼创造有利的条件。辅助眼的布置主要由

炮眼间距 F 值和最小抵抗线 y 值确定，要根据岩石软硬和药量多少，由工地试验确定。其布置原则可参照后述周边眼的布置原则进行，只是 V、E 值及单孔装药量 q 较大些。一般取 $E/V=0.6\sim0.8$ 为宜。并宜采用孔底连续装药。辅助眼应由内向外，逐层布置，逐层起爆，逐步接近开挖断面轮廓形状。

4304　周边眼的作用是什么？如何进行设计？

周边眼的作用是一种辅助炮眼，目的是成型作用。周边眼爆破后使坑道断面达到设计的形状和尺寸。周边眼的位置一般是沿着设计轮廓线均匀布置，其炮眼间距和最小抵抗线长度均比辅助眼小，目的是使爆破出坑道的轮廓较为平顺和控制超欠挖量。为了保证开挖面平整，辅助眼及周边眼应使其眼底落在同一垂直面上，必要时应根据实际情况调整炮眼的深度。

4305　什么是光面爆破法？

光面爆破是先爆除主体开挖部位的岩体，然后再起爆布置在设计轮廓线上的周边眼，将光爆层炸除，形成一个平整的开挖面，是通过正确选择爆破参数和合理的施工方法，达到爆后壁面平整规则、轮廓线符合设计要求的一种控制爆破技术。

隧道施工中采用光面爆破，对围岩的扰动比较轻微，围岩松弛带的范围只有普通爆破法的 1/9～1/2；大大地减少超欠挖量，节约大量的混凝土和回填片石，加快施工进度；围岩壁面平整、危石少，减轻应力集中现象，避免局部塌落，提高施工安全，并为喷锚支护创造条件。

4306　光面爆破有什么技术要求？

根据围岩特点合理选择周边眼间距和周边的最小抵抗线。严格控制周边眼的装药量，应使用药量沿炮眼全长合理分布，并合理选择炸药品种和装药结构。

光面爆破的分区起爆顺序：掏槽眼→辅助眼→周边眼→底板

眼。辅助眼则应由里向外逐层起爆。

4307 毫秒爆破法是一种什么样的爆破方法，如何实现？

毫秒爆破法是以毫秒雷管严格按一定顺序起爆炸药包组，使爆破前后阶段的时间间隔极其短促，以毫秒计算。爆破产生的岩石破坏作用力（应力波或冲击波）可以叠加，促使岩石易于被炸碎。同时，前后段爆破传递到围岩内部的冲击波又相互干扰和相互抵消，使冲击波对围岩的振动破坏大为减弱。毫秒爆破起爆一般有两个方法：一是用毫秒雷管和毫秒起爆器（用延长仪器控制延发时间）；另一方法是使用毫秒雷管起爆。

4308 光面爆破应达到什么样的效果为成功？

采用光面爆破时应根据以下指标对爆破参数进行修改。达到下列质量要求就可以认为光面爆破成功：

(1)眼痕率：硬岩不应小于80%，中硬岩不应小于50%。

(2)软岩中隧洞周边成形应符合设计轮廓。

(3)岩面不应有明显的爆振裂缝。

(4)隧洞周边不应欠挖，平均线性超挖值应小于150 mm。

(5)爆破后的洞渣粒径适中，不能产生过大、过多的大块，一般以最大尺寸不超过30 cm，多为5～15 cm为好。

注：1. 眼痕率为可见眼痕的炮眼个数与不包括底板的周边眼总数之比。

2. 当炮眼眼痕大于孔长的70%时算一个可见眼痕炮眼。

3. 平均线性超挖值为超挖横断面积与不包括洞底的设计开挖断面周长之比。

4309 如何提高光面爆破的效果？

为了获得良好的光面爆破效果，可采取以下技术措施：

(1)适当加密周边眼。

(2)合理确定光面爆破层厚度。

(3)合理用药。用于光面爆破的炸药宜采用低猛度、低爆速、传爆性能好的炸药，在炮眼底部，为了克服眼底岩石的夹制作用，应改用高爆速炸药。

(4)采用小直径药卷不偶合装药结构。在装药结构上,宜采用比炮眼直径小的小直径药卷连续或间隔装药。此时,药卷与炮眼壁间留有空隙,称之为不偶合装药结构。炮眼直径与药卷直径之比称为偶合系数。光面爆破的不偶合系数最好大于 2,但药卷直径不应小于该炸药的临界直径,以保证稳定起爆。

(5)保证光面爆破眼同时起爆。使用即发雷管与导爆索起爆是保证光面爆破眼同时起爆的好方法,同段毫秒雷管起爆次之。

(6)要为周边眼光面爆破创造临空面。这可以在开挖程序和起爆顺序上予以保证,并应注意不要使先爆落的石渣堵死周边眼的临空面。

4310　钻爆作业必须遵守哪些规定?

(1)钻孔(打眼)时应采取湿式凿岩。

(2)应使用毫秒雷管和安全炸药,并采取电力起爆。

(3)爆破电闸应安装在新鲜风流中,并与开挖面保持 200 m 左右距离。

(4)应采用连续装药方式,雷管安放在最外一节炸药中,不得使用裸露药包。

4311　如何进行钻爆设计?

(1)钻爆设计应根据工程地质条件、开挖断面、开挖方法、掘进循环进尺、钻眼机具、爆破材料和出渣能力等因素综合考虑。

(2)钻爆设计的内容应包括:炮眼的布置、数目、深度和角度、装药量和装药结构、起爆方法和爆破顺序。

(3)钻爆设计图应包括:炮眼布置图、周边眼装药结构图、钻爆参数表(表 4-2 和表 4-3)、主要技术经济指标及必要的说明。

表 4-2 光面爆破参数

岩石类别	周边眼间距 E(cm)	周边眼抵抗线 W(cm)	相对距离 E/W	装药集中度 q (kg/m)
极硬岩	50～60	55～75	0.8～0.85	0.25～0.30
硬岩	40～50	50～60	0.8～0.85	0.15～0.25
软质岩	35～45	45～60	0.75～0.8	0.07～0.12

表 4-3 预裂爆破参数

岩石类别	周边眼间距 E(cm)	至内排崩落眼间距 (cm)	装药集中度 q (kg/m)
极硬岩	40～50	40	0.3～0.4
硬岩	40～50	40	0.2～0.25
软质岩	35～40	35	0.07～0.12

注：1. 表中所列参数适用于炮眼深度 1.0～4.0 m，炮眼直径 40～50 mm，药卷直径 20～25 mm。

2. 当断面较小或围岩软弱、破碎或对曲线、折线开挖成形要求较高时，周边眼间距 E 应取较小值。

3. 周边眼抵抗线 W 值在一般情况下均应大于周边眼间距 E 值。软岩在取较小 E 值时，W 值应适当增大。

4. E/W：软岩取小值，硬岩及断面小时取大值。

5. 表列装药集中度 q 为 2 号岩石硝铵炸药，选用其他类型炸药时，应修正。

(4)每循环爆破总装药量可按下式计算：

$$Q=K \cdot L \cdot S$$

式中 K——取 0.7～1.5 kg/m^3；

L——循环进尺，m；

S——开挖断面面积，m^2。

4312 钻爆法钻眼作业有什么相关规定？

隧道工程中常用的凿岩机有风动凿岩机、液压凿岩机、电动凿岩机和内燃凿岩机四种类型。施工时可根据开挖断面的大小、围岩情况、施工进度要求等因素选择钻眼机具。

钻眼必须按照钻爆设计的炮孔布置进行，钻眼前定出开挖断面中线、水平线和断面轮廓线，标出炮眼位置，经检查符合设计要求后方可钻眼。炮眼的深度、角度、间距应按设计要求确定，并应符合下列精度要求：

1)掏槽眼：眼口间距误差和眼底间距误差不得大于 5 cm。

2)辅助眼：眼口排距、行距误差均不得大于 5 cm。

3)周边眼：沿隧道设计断面轮廓线上的间距误差不得大于 5 cm，周边眼外斜率不得大于 5 cm/m，眼底不超出开挖断面轮廓线 10 cm。

4313 钻爆法爆破作业有什么相关规定？

(1)炸药宜采用爆发点高、防水性能好的乳化炸药。

(2)炸药引爆宜采用导火索、火雷管、导爆管和非电毫秒雷管组成的起爆网络进行。

(3)起爆顺序：

光面爆破起爆顺序：掏槽眼→辅助眼→周边眼。

预裂爆破起爆顺序：周边眼→掏槽眼→辅助眼。

(4)装药结构应按钻爆设计进行，并由爆破工程师根据围岩变化和光面爆破效果调整爆破参数。为控制隧道洞身开挖超欠挖，周边眼宜采用间隔装药，药圈间采用导爆管连接起爆。

(5)进行爆破作业时，应按规范设计爆破方案，必须遵守爆破安全操作规程，要有专人指挥；在危险区的边界，设置警戒岗哨和标志；在爆破前发出信号，待危险区的人员撤至安全地点后，才准爆破。爆破后，待有害气体从洞内排出并对现场进行检查，确认安全后，才能发出解除警戒信号。每次爆破后，如有剩余的爆破器材，必须退回专设库房，并办理有关退库回收手续，严禁随便存放。

4314 隧道施工的无轨出渣运输应注意哪些事项？

无轨出渣一般采用装载机装渣，仰拱、隧底采用挖掘机装渣，自卸式汽车洞内运输出渣。运输注意事项有：

(1)开挖掌子面、弃渣场设专人指挥装渣、卸渣和弃渣场的弃渣平整；隧道洞口设置专职调度员进行出渣运输车辆的调度。

(2)利用装渣机进行洞内外运输道路应平整，维修及时清除道路两侧的废渣、余料，保证洞内外运输畅通。

(3)出渣运输车辆的行驶速度：在工作面、未成洞和错车道地段不大于 10 km/h，成洞地段和洞外不大于 20 km/h。

(4)出渣车辆在仰拱施工地段，利用仰拱栈桥通过，减少仰拱施工对隧道出渣运输的影响，缩短出渣时间。

(5)隧道衬砌模筑台车制作时，考虑运输车辆限界，保证运输车辆的运输安全和模筑台车的施工安全。

(6)弃渣场修筑永久性的排水设施和其他挡渣工程，防止地表径流冲蚀弃渣堆、堵塞河道，同时要注意生态环境保护。

第五章　支护与衬砌

第一节　锚杆支护

5101　什么是锚杆，其作用是什么？

锚杆是一种锚固在岩体内部的杆状体，是通过锚入岩体内部的锚杆，与岩体融为一体，利用锚杆的悬吊作用、组合拱作用、缝缀作用、挤压作用，将围岩中的节理、裂隙串为一体，约束围岩内部和周边变位，达到改善围岩的受力状态，实现加固围岩、维护隧道稳定的作用。在软弱围岩中起到改善其物理力学性能的作用。

按照锚固形式可划分为全长黏结型、端头锚固型、摩擦型和预应力型四种。

5102　锚杆支护质量的主要检查内容是什么？

(1)锚杆有效锚固深度、锚杆杆体材料、锚杆杆体长度、锚固砂浆强度、锚固砂浆饱满度。

(2)锚杆间距、锚杆打设方向。

5103　锚杆钻孔应符合什么要求？

(1)钻孔应圆而直，钻孔方向宜尽量与岩层主要结构面垂直。

(2)水泥砂浆锚杆和早强药包锚杆孔径应大于杆体直径 15 mm，其他形式锚杆孔径应符合设计要求。

(3)锚杆孔深允许偏差为±50 mm。

5104　普通水泥砂浆锚杆施工要求有哪些？

(1)砂浆配合比根据设计砂浆强度通过试验确定。

(2)砂浆应拌和均匀，随拌随用。一次拌和的砂浆应在初凝前用完。

(3)注浆管应插至孔底 5～10 cm 处,随水泥浆的注入缓慢匀速拔出,随即迅速将杆体插入,锚杆杆体插入孔内的长度不得短于设计长度的 95%。若孔口无砂浆流出,应将杆体拔出重新注浆。

(4)早强药包锚杆施工,用特制的专门工具将药包推入孔内,中途药包不得破裂。锚杆杆体插入时应注意旋转,使药包充分搅拌。无水地段,药包入孔前应用水浸泡。

5105 注浆小导管如何进行施工?

(1)按设计的类型和尺寸加工注浆小导管。

(2)钻孔采用风动凿岩机进行,按设计的环向间距、外插角及深度钻孔,孔口位置与设计位置的允许偏差为±5 cm,孔底位置偏差应小于孔深的 10%。

(3)钻孔结束后应掏孔检查,在确认无塌孔和探头石时,才可安设注浆管。小导管端部应位于钢拱架上,并与拱架焊接。

(4)注浆前应平整注浆所需场地,检查注浆机具,并准备注浆材料。

(5)注浆压力应根据岩性,施工条件等因素在现场试验确定。

(6)注浆方式可根据地质条件、机械设备及注浆孔的深度选用前进式、后退式或全孔式。注浆顺序为先注内圈孔,后注外圈孔,先注无水孔,后注有水孔,从拱顶顺序向下进行。如遇窜浆或跑浆可间隔一孔或数孔灌注。注浆结束后,利用止浆阀保持孔内压力,直至浆液完全凝固。

(7)注浆后必须对注浆效果进行检查如未达到要求,应进行补孔注浆。

(8)注浆后至开挖前时间间隔应大于 4 h。

5106 小导管注浆作业有哪些具体规定?

(1)浆液浓度、胶凝时间应符合设计要求,不得任意变更。

(2)经常检查泵口及孔口注浆压力的变化,发现问题及时处理。

(3)采用双液注浆时,应经常测试混合液的胶凝时间,发现与设计不符时立即调整。

（4）单孔注浆结束条件：注浆压力达到设计要求，浆液注入量已达到计算值的80％以上。

（5）全段注浆结束条件：所有注浆孔均已符合单孔结束条件，无漏注情况。

5107　简述砂浆锚杆的工艺流程。

砂浆锚杆施工工艺如图5-1所示。

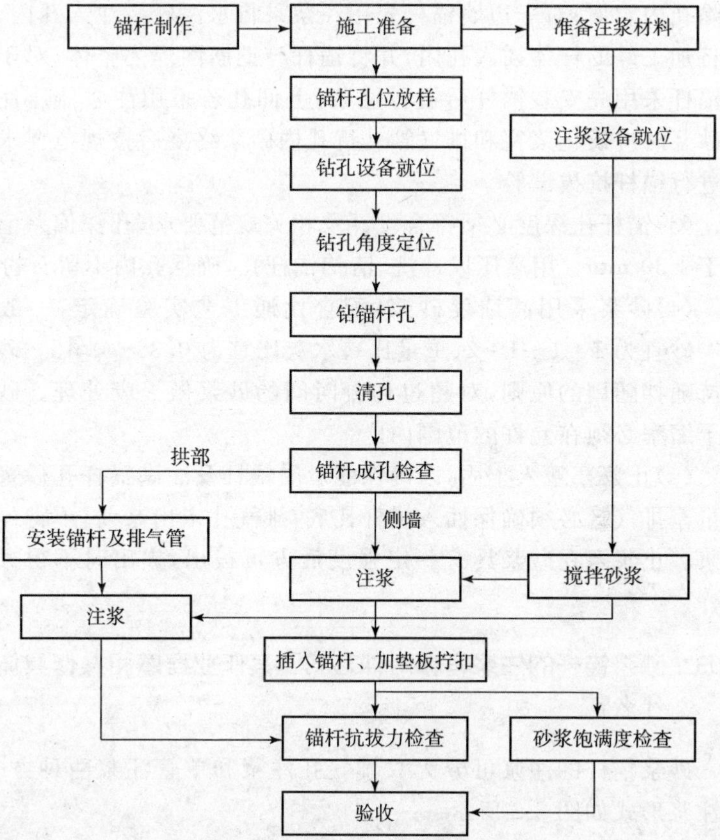

图5-1　砂浆锚杆施工工艺流程图

5108 砂浆锚杆施工应注意哪些?

(1)开孔前做好量测工作,按设计要求布孔并做好标记,开孔偏差不大于 10 cm;锚杆孔的孔轴方向满足施工图纸的要求,图纸未规定时垂直于开挖面,局部加固锚杆的孔轴方向与可能滑动面的倾向相反,交角大于 45°。

(2)锚杆预先在洞外按设计要求加工制作,施工时锚杆钻孔位置及孔深符合设计要求,锚杆要除去油污、铁锈和杂质。用高压风清除孔内岩屑;对于边墙锚杆先用注浆泵将水泥砂浆注入孔内,然后将加工好的杆体插入孔内,并将锚杆与钢筋网焊为整体;对于拱部锚杆采用先安装锚杆后进行注浆,上仰孔若采用注浆器压注锚固砂浆时应设止浆塞和排气管。待孔内砂浆终凝后按规范要求抽样进行锚杆抗拔试验。

(3)锚杆孔深度必须符合设计及相关规范要求,孔深偏差值不大于±50 mm。用高压风冲洗、清扫锚杆孔,确保孔内不留石粉。

(4)砂浆采用高浓度砂浆,配合比通工艺实验确定,一般水泥∶砂宜为 1∶1～1∶2(重量比),水灰比宜为 0.38～0.45。砂浆坚持随拌随用的原则,对超过初凝时间的砂浆做报废处理。砂浆的干缩率必须在允许的范围内。

(5)止浆塞塞入牢固,以确保能承受锚杆及注满锚杆孔砂浆的重量。排气管必须确保插入锚杆孔底,排气孔未出浆前,不得停止注浆。止浆塞在砂浆具有一定强度后方可拔出,拔出时不得振动锚杆。

5109 砂浆锚杆的注浆有哪两种方式?其作业程序和操作具体是什么?

砂浆锚杆的注浆可分为双排气孔注浆和单管注浆两种方式,其注浆形式如图 5-2 所示。

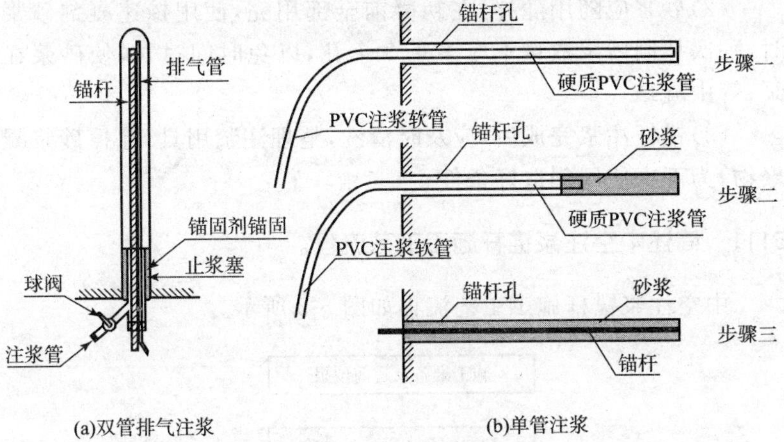

图 5-2　单管注浆、双管注浆作业示意图

(1)双管排气注浆的作业程序：先放置锚杆与排气管，后进行注浆。具体操作：先用水清理锚杆孔，将孔中残渣清除干净；再将锚杆与注浆管、排气管一同安装在锚杆孔中，用锚固剂在孔口将锚杆与注浆管、排气管固定好；后将注浆管与注浆泵连接，开始注浆，待浆液注满锚杆孔，从排气管排出后用止浆塞堵塞排气孔，关闭注浆管球阀。

(2)单管注浆作业程序：先注浆，后放锚杆。具体操作：先将水注入牛角泵内，并倒入少量砂浆，初压水和稀浆湿润管路，然后再将已调好的砂浆倒入泵内。将注浆管插至锚杆眼底，将泵盖压紧密封，一切就绪后，慢慢打开阀门开始注浆。在气压推动下，将砂浆不断压入眼底，注浆管跟着缓缓退出眼孔，并始终保持注浆管口埋在砂浆内，以免浆中出现空洞，将注浆管全部抽出后，立即把锚杆插入眼孔，然后用木楔堵塞眼口，防止砂浆流失。

5110　砂浆锚杆注浆应注意什么问题?

(1)锚杆孔中必须注满砂浆，发现不满须拔出锚杆重新注浆。注浆管不准对人放置，以防止高压喷出物射击伤人。

(2)砂浆应随用随拌，在初凝前全部用完，使用掺速凝剂砂浆时，一次拌制砂浆数量不应多于 3 个孔，以免时间过长，使砂浆在泵、管中凝结。

(3)锚杆注浆完成后，应及时清洗，整理注浆用具，除掉砂浆凝聚物，为下次使用创造好条件。

5111 简述中空注浆锚杆施工工艺流程。

中空注浆锚杆施工工艺流程如图 5-3 所示。

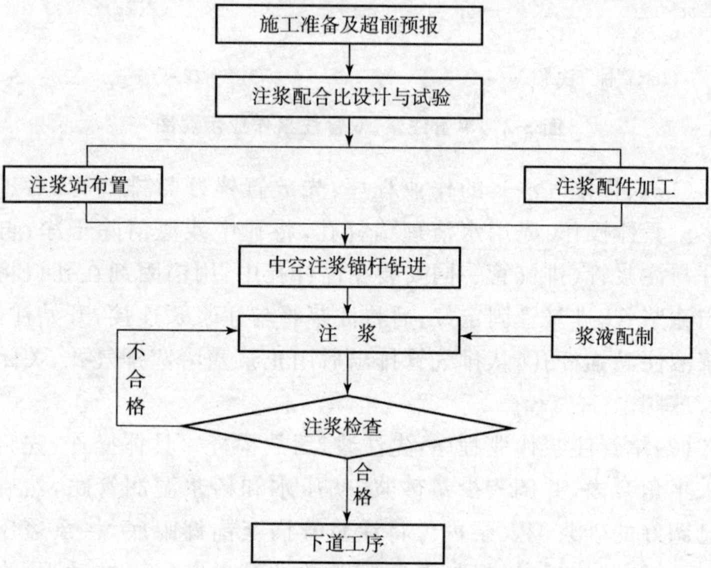

图 5-3 组合式中空注浆锚杆施工工艺流程图

5112 中空注浆锚杆安装的注意事项有哪些?

(1)安装前，应检查锚杆体钻头的水孔是否畅通，若有异物堵塞，应及时清理。

(2)锚杆体装入设计深度后，应用水和空气洗孔，直至孔口反水或返气。

(3)注浆材料宜采用纯水泥浆或 1∶1 水泥砂浆，水灰比宜为 0.4～0.5。采用水泥砂浆时砂子粒径不应大于 1.0 mm。

(4)注浆料应由杆体中孔灌入，上仰孔应设置止浆塞和排气孔。

5113　长管棚施工方法是什么?

(1)管棚应按设计的管径、壁厚进行加工，管棚钢管标准段长度加工成 6 m 一节，钢管间应采用丝扣连接，丝扣采用螺纹车床进行，管棚钢管注浆孔间距应按 40 cm 梅花形布置，注浆孔直径应大于 6 mm。管棚钢管接头应错开。

(2)套拱施工：套拱内模采用组合钢模，支撑采用钢管桁架，若衬砌台车已进场，内模采用衬砌台车。背模采用组合钢模，背模固定采用钢格栅，背模一次关模高度不宜大于 2 m，背模随混凝土浇筑高度的上升逐步向上关模，直至套拱混凝土施工完毕。套拱混凝土采用地泵输送入仓。套拱施工应注意以下问题：

1)套拱地基承载力应满足设计要求。

2)套拱内预埋导向管空间定位应准确，导向管应与套拱内钢筋焊接牢固，以防混凝土浇筑时跑位。

3)混凝土浇筑速度不宜过快，以防背模爆模。

(3)长管棚钻孔采用地质钻进行成孔，长管棚成孔应注意以下问题：

1)若管棚穿越地层结构十分松散，容易造成塌孔，钻孔应采用套管跟进；

2)管棚钻孔方向应采用测斜仪和激光导向仪控制；

3)钻孔速度应根据管棚穿越地层的地质情况进行确定，当地层岩体较硬时钻进速度应减慢，当地层岩体较软时钻进速度应加快；

4)若管棚穿越地层结构十分复杂，钻孔方向无法满足设计和施工规范要求时，可直接采用管棚钢管作为钻杆，将钻头安装在管棚钢管上直接钻进。

(4)长管棚注浆方式、注浆作业要求请参见注浆小导管施工。

第二节 钢架支护

5201 钢架分为哪几类?

钢架分为钢拱架和格栅钢架两种。钢拱架是工字钢或钢轨制造而成的刚性拱架。格栅钢架主要由3～4根螺纹主筋和其他钢筋制成。

5202 钢拱架的特点及使用范围是什么?

钢拱架的刚度和强度大,可作临时支撑并单独承受较大的围岩压力,也可设于混凝土内作为永久衬砌的一部分。钢拱架的最大特点是架设后能够立即承载。因此,多设在需要立即控制围岩变形的场合,在Ⅴ、Ⅵ级软弱破碎围岩中或处理塌方时使用较多。钢拱架与围岩间的空隙难以用喷射混凝土紧密充填,与喷射混凝土黏结也不好,导致钢拱架附近喷射混凝土出现裂缝。

5203 格栅钢架的构造形式及特点是什么?

格栅钢架是由钢筋经冷弯成形后焊接而成,其断面形状有圆形、门形、三边形、四边形等。格栅钢架断面有3根和4根主筋组成的两种形式。断面高度应与喷射混凝土厚度相适应,一般为120～180 mm;主筋和联系钢筋的连接方式较多,接头形式一般有连接板焊于主筋端部,通过螺栓将两段钢架连接板紧密地连在一起的螺栓连接板接头,以及套管螺栓直接套在主筋上,将两段钢架连接在一起的套管螺栓接头。

格栅钢架能够很好地与喷射混凝土一起与围岩密贴,喷射混凝土能够充满格栅及其与围岩的空隙,且能和锚杆、超前支护结构连成一体,支护效果好。

5204 什么情况下易采用钢拱架支护?

当围岩软弱、破碎严重且自稳性差时,隧道开挖后,需要及时提供足够强的支护约束围岩变形。在初期支护内设置钢拱架将增大支护结构早期的刚度,阻止围岩的过度变形并承受部分的松弛荷载。

5205　钢架支护的作用是什么?

钢架支护能快速发挥较强的支护能力,在喷混凝土、锚杆强度出现强度之前,约束围岩的位移,承受大部分的荷载。控制围岩变形和松弛的发展。钢架支护被喷混凝土包裹后发挥整体受力效果。

5206　钢架支护质量检查内容有哪些?

(1)钢架截面高度或型钢型号;

(2)钢架主钢筋和腹筋直径;

(3)钢架几何尺寸;

(4)钢架焊接;

(5)钢架连接板;

(6)安装间距;

(7)垂直度。

5207　什么是喷锚支护?

锚喷支护是目前通常采用的一种围岩支护手段。包括锚杆支护、喷射混凝土支护、喷射混凝土锚杆联合支护、喷射混凝土钢筋网联合支护、喷射混凝土与锚杆及钢筋网联合支护、喷钢纤维混凝土支护、喷钢纤维混凝土锚杆联合支护,以及上述几种类型加设型钢(或钢拱架)而成的联合支护。作为初期支护,目前在隧道工程中使用最多的组合形式是锚杆(主要指系统锚杆)加喷射混凝土(素喷或网喷)。

5208　钢架如何安装?

(1)钢架安装在掌子面开挖初喷完成后立即进行。

(2)根据测设的位置,各节钢架在掌子面以螺栓连接,连接板应密贴。为保证各节钢架在全环封闭之前置于稳固的地基上，安装前应清除各节钢架底脚下的虚渣及杂物。同时每侧安设2根锁脚锚管(杆)将其锁定，底部开挖完成后，底部初期支护及时跟进，将钢架全环封闭。Ⅴ级围岩需在拱部钢架基脚处设槽钢以增加基底承载力，

(3)为保证钢架位置安设准确，隧道开挖时在钢架的各连接处预留连接板凹槽。初喷混凝土时，在凹槽处打入木楔，为架设钢架留出连接板(和槽钢)位置。钢架按设计位置安设，在安设过程中当钢架和初喷层之间有较大间隙应每隔2 m用混凝土预制块楔紧，钢架背后用喷混凝土填充密实。钢架纵向连接采用钢管(钢筋)，环向间距1 m。

(4)钢架落底接长在单边交错进行，每次单边接长钢架1～2排。在软弱地层可同时落底接长和仰拱相连并及时喷射混凝土。接长钢架和上部钢架通过垫板用螺栓牢固准确连接。

(5)架立钢架后应尽快进行喷射混凝土作业，以使钢架与喷射混凝土共同受力。喷射混凝土分层进行，先从拱脚或墙角处由下向上喷射，防止上层喷射料虚掩拱脚(墙角)不密实，造成强度不够，拱脚(墙角)失稳。

5209 钢架安装施工要点有哪些?

(1)钢架应按设计位置安设，钢架之间必须用钢筋纵向连接，并要保证焊接质量。安设过程中当钢架与围岩之间有较大的空隙时，沿钢架外缘每隔2 m应用混凝土预制块楔紧。

(2)钢架的拱脚采用纵向托梁和锁脚锚管等措施加强支承。

(3)钢架应尽可能多地与锚杆露头及钢筋网焊接，以增强其联合支护的效应。

(4)喷射混凝土时，要将钢架与岩面之间的间隙喷射饱和达到密实。

(5)喷射混凝土应分层次分段喷射完成，初喷混凝土应尽早进行“早喷锚”，复喷混凝土应在量测指导下进行，即“勤量测”的基本

原则，以保证喷射混凝土的复喷适时有效。

(6)型钢钢架应采用冷弯成型，钢架加工的焊接不得有假焊，焊缝表面不得有裂纹、焊瘤等缺陷。

(7)每榀钢架加工完成后应放在水泥地面上试拼，周边拼装允许误差为±3 cm，平面翘曲应小于2 cm。

(8)钢架应在初喷混凝土后及时架设，各节钢架间以螺栓连接，连接板必须密贴。

(9)钢架安装前应清除底脚下的虚渣及杂物，钢架底脚应置于牢固的基础上。

5210 土质隧道如何防止钢架的下沉？

(1)加强对钢架的锁脚固定措施。

由于采用分部开挖方法，拱部钢架安装后，钢架暂时不能全断面封闭成环，同时土质隧道拱部钢架无法坐落在坚实的基岩上，因此，拱部钢架必须采取锁脚措施，将钢架两底脚牢固锁定，以防止钢架下沉或两底脚回收，钢架锁脚采用两根 $L=4.0$ m 的 $\phi 42$ 锁脚锚管锁定，锚管采用钢花管，压注水泥浆液进行锚固，如地质较差时，采用加长锁脚锚管长度和再增设一根锁脚锚管以加强钢架的稳定。

(2)加设钢架基础连接纵梁，扩大开挖底脚，防止钢架悬空。

为防止钢架下沉，视地质情况，必要时在拱部钢架底脚增设连接纵梁，纵梁采用 $32^{\#}$ 槽钢，与钢架底脚采用焊接连接，以增加钢架底脚的承力面积。

(3)及时喷射混凝土进行覆盖。

钢架安装完成后，及时进行喷射微纤维混凝土，喷射时分层、分段进行，钢架应全部被喷射混凝土覆盖，保护层厚度不得小于40 mm。

(4)防止施工过程中的碰撞和损坏。

机械开挖时，为防止挖掘机等大型机械对已支护好钢架进行碰撞和冲击，造成钢架损坏，因此，开挖时，要委派专人对开挖作业进行指挥，严格限制机械作业界限，以防止碰撞钢架。

5211 钢拱架施工工艺图?

钢拱架施工工艺流程如图 5-4 所示。

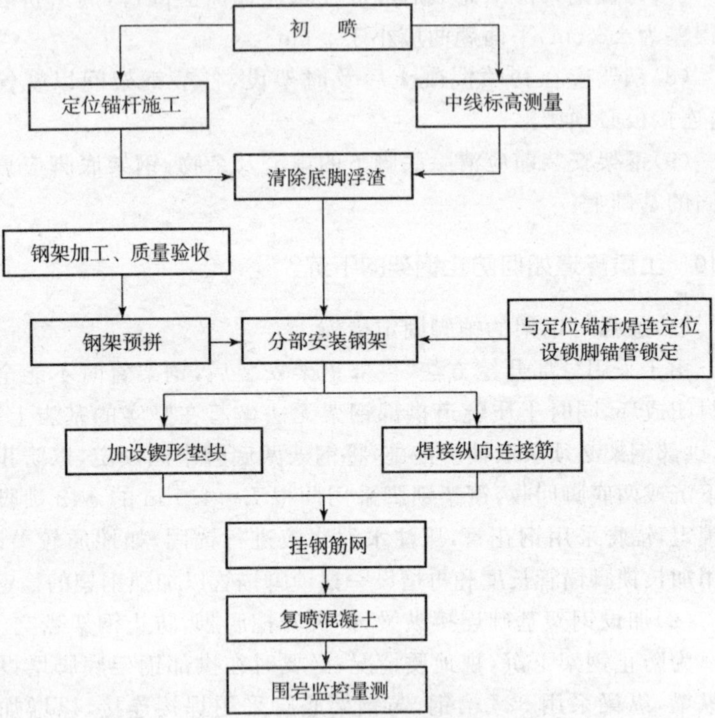

图 5-4 钢拱架施工工艺流程图

第三节 喷射混凝土

5301 喷射混凝土支护的特点是什么?

喷射混凝土既是一种新型的支护结构，又是一种新的施工工艺。它是使用混凝土喷射机，按一定的混合程序，将掺有速凝剂的细石混凝土，喷射到岩壁表面上，并迅速固结成一层支护结构，从而对围岩起到支护作用。

喷射混凝土可以作为隧道工程的永久性或临时性支护，也可以与各种形式的锚杆、钢拱架、钢筋网等构成组合式支护结构。它的灵活性也很大，可以根据需要分次追加厚度。其特点有：

(1)喷射混凝土支护、施作速度快、早期强度高、密实度好、与隧道围岩紧密黏结的突出优点。

(2)隧道开挖后及时施作喷混凝土支护，可以起到封闭岩面、填充坑凹及裂隙、防止风化松动、维护和提高围岩的整体性、帮助围岩发挥自身的结构作用、调整围岩应力分布，防止应力集中，控制围岩变形，防止掉块、坍塌作用。

5302　喷射混凝土原材料应符合哪些要求？

(1)水泥。应优先采用普通硅酸盐水泥，也可采用矿渣硅酸盐水泥，在软弱围岩地段宜选用早强水泥。水泥强度等级不得低于42.5 MPa。

(2)速凝剂。使用前应做速凝效果试验，要求初凝不超过5 min，终凝不超过10 min。速凝剂掺量根据水泥品种、水灰比等，通过试验确定。

(3)砂。应采用硬质洁净的中砂或粗砂，细度模数大于2.5，使用前应过筛。

(4)石料。采用坚硬耐久的碎石，粒径不宜大于15 mm，钢纤维喷射混凝土的碎石粒径不应大于10 mm，且级配良好。当使用碱性速凝剂时，石料不得含活性二氧化硅。

(5)水。水质应符合工程用水的有关标准，水中不得含有影响水泥正常凝结与硬化的有害杂质。

5303　喷射混凝土配合比设计应注意什么？

喷射混凝土的配合比设计应根据原材料性能、混凝土的技术条件和设计要求通过试验选定，并应符合下列规定：

(1)胶骨比宜为1∶4～1∶5。

(2)水胶比宜为0.40～0.50。

(3)砂率宜为45%～60%。

(4)胶凝材料用量不宜小于400 kg/m^3。

(5)钢(合成)纤维的掺量应符合设计要求。

5304 喷射混凝土试件应如何成形?

用于检查喷射混凝土强度的试件,应采用大板切割法或凿方切割法制取。当不具备切割条件时也可采用边长150 mm的立方体无底试模,在其内喷射混凝土制作试件,试件成型的喷射方向应与边墙相同,喷射混凝土标准养护试件的试验龄期为28 d。

(1)喷大板切割法

在施工的同时,将混凝土喷射在450 mm×350 mm×120 mm(可制成6块)或450 mm×200 mm×120 mm(可制成3块)的模型内,当混凝土达到一定强度后,加工成100 mm×100 mm×100 mm的立方体试块,在标准条件养护至28 d进行试验(精确到0.1 MPa)。

(2)凿方切割法

在具有一定强度的支护上,用凿岩机打密排钻孔,取出长约350 mm、宽约150 mm的混凝土块,加工成100 mm×100 mm×100 mm的立方体试块,在标准条件下养护至28 d进行试验(精确到0.1 MPa)。

5305 喷射混凝土施工工艺有哪几种?

喷射混凝土的工艺流程有干喷、潮喷、湿喷和混合喷。

(1)干喷法是将水泥、砂、石在干燥状态下拌和均匀,用压缩空气送至喷嘴并与压力水混合后进行喷射的方法。因喷射速度大,粉尘污染及回弹情况较严重,但施工机械简单,易于操作。

(2)潮喷法是将骨料预加少量水,使之呈潮湿状,再加水泥拌和,送至喷嘴处并与压力水混合后进行喷射的方法。与干喷相比,上料、拌和及喷射时的粉尘少。目前施工现场较多使用的是潮喷工艺。潮喷和干喷混凝土强度可达到C20。

(3)湿喷法是将水泥、砂、石和水在按比例拌和均匀,用湿喷机压送至喷嘴进行喷射的方法。湿喷法的粉尘和回弹量少,喷射混凝土的质量容易控制,但对喷射机械要求较高,机械清洗和故障处理较麻烦。软弱围岩特别是黄土隧道以及渗水隧道不宜使用潮喷而改用湿喷较好。

(4)混合喷射采用两套搅拌机,在第一套搅拌机内将一部分砂加第一次水拌湿,在投入全部水泥强制搅拌,然后加第二次水和减水剂拌和成SEC砂浆,用砂浆泵压送到混合管。在第二套搅拌机内将部分砂石和速凝剂强制搅拌均匀,用干喷机压送到混合管后经喷嘴喷出。湿喷和混合喷混凝土强度可达到C30～C35。

混合喷射工艺的粉尘和回弹率较干喷法有大幅度降低,但工艺复杂,使用机械多,机械清洗和故障处理很麻烦,一般只用在喷射混凝土量大和大断面隧道工程中。

5306　湿喷法施工喷射混凝土时应做好哪些准备工作?

(1)喷射前应对受喷岩面进行处理。一般岩面可用高压水冲洗受喷岩面的浮尘、岩屑,当岩面遇水容易潮解、泥化时,宜采用高压风吹净岩面。若为泥、砂质岩面时应挂设细钢筋网(网格宜不大于20 cm×20 cm、线径宜小于3 mm),用环向钢筋和锚钉或钢架固定,使其密贴受喷面,以提高喷射混凝土的附着力。喷射混凝土前,宜先喷一层水泥砂浆,待终凝后再喷射混凝土。

(2)设置控制喷射混凝土厚度的标志,一般采用埋设钢筋头做标志,亦可在喷射时插入长度比设计厚度大5 cm的铁丝,每1～2 m设一根,作为施工控制用。

(3)检查机具设备和风、水、电等管线路,湿喷机就位,并试运转。

①选用的空压机应满足喷射机工作风压和耗风量的要求;压风进入喷射机前必须进行油水分离。

②输料管应能承受0.8 MPa以上的压力,并应有良好的耐磨

性能。

③保证作业区内具有良好通风和照明条件。

④喷射作业的环境温度不得低于5℃。

(4)若遇受喷面有涌水、渗水或潮湿的岩面,喷射前应按不同情况进行处理。

①大股涌水宜采用注浆堵水后再喷射混凝土。

②小股水或裂隙渗漏水宜采用岩面注浆或导管引排后再喷射混凝土。

③大面积潮湿的岩面宜采用黏结性强的混凝土,如添加外加剂、掺和料以改善混凝土的性能。

5307 喷射混凝土的搅拌、运输应注意哪些问题?

湿喷混凝土搅拌采取全自动计量强制式搅拌机,施工配料应严格按配合比进行操作,速凝剂在喷射机喂料时加入。

运输采用混凝土运输罐车,随运随拌。喷射混凝土时,多台运输车应交替运料,以满足湿喷混凝土的供应。在运输过程中,要防止混凝土离析、水泥浆流失、坍落度变化以及产生初凝等现象。

5308 湿喷混凝土的喷射作业应如何进行?

(1)喷射操作程序:打开速凝剂辅助风→缓慢打开主风阀→启动速凝剂计量泵、主电机、振动器→向料斗加混凝土。

(2)喷射混凝土作业应采用分段、分片、分层依次进行,喷射顺序应自下而上,分段长度不宜大于6 m。喷射时先将低洼处大致喷平,再自下而上顺序分层、往复喷射。

①喷射混凝土分段施工时,上次喷混凝土应预留斜面,斜面宽度为200～300 mm,斜面上需用压力水冲洗润湿后再行喷射混凝土。

②分片喷射要自下而上进行并先喷钢架与壁面间混凝土,再喷两钢架之间混凝土。边墙喷混凝土应从墙脚开始向上喷射,使回弹不致裹入最后喷层。

③分层喷射时，后一层喷射应在前一层混凝土终凝后进行，若终凝 1 h 后再进行喷射时，应先用风、水清洗喷层表面。一次喷混凝土的厚度以喷混凝土不滑移不坠落为度，既不能因厚度太大而影响喷混凝土的黏结力和凝聚力，也不能太薄而增加回弹量。边墙一次喷射混凝土厚度控制在 7～10 cm，拱部控制在 5～6 cm，并保持喷层厚度均匀。顶部喷射混凝土时，为避免产生堕落现象，两次间隔时间宜为 2～4 h。

(3)喷射速度要适当，以利于混凝土的压实。风压过大，喷射速度增大，回弹增加；风压过小，喷射速度过小，压实力小，影响喷混凝土强度。因此在开机后要注意观察风压，起始风压达到 0.5 MPa 后，才能开始操作，并据喷嘴出料情况调整风压。一般工作风压：边墙 0.3～0.5 MPa，拱部 0.4～0.65 MPa。黄土隧道喷射混凝土时喷射机的压力一般不宜大于 0.2 MPa。

(4)喷射时使喷嘴与受喷面间保持适当距离，喷射角度尽可能接近 90°，以使获得最大压实和最小回弹。喷嘴与受喷面间距宜为 1.5～2.0 m；喷嘴应连续、缓慢作横向环行移动，一圈压半圈，喷射手所画的环形圈，横向 40～60 cm，高 15～20 cm；若受喷面被钢架、钢筋网覆盖时，可将喷嘴稍加偏斜，但不宜小于 70°。如果喷嘴与受喷面的角度大小，会形成混凝土物料在受喷面上的滚动，产生出凹凸不平的波形喷面，增加回弹量，影响喷射混凝土的质量。

5309　湿喷混凝土施工的质量控制要点是什么？

(1)喷射混凝土原材料检验合格后才能使用，速凝剂应妥善保管，防止受潮变质。严格控制拌和物的水灰比，经常检查速凝剂注入环的工作状况。喷射混凝土的坍落度宜控制在 8～13 cm，过大混凝土会流淌，过小容易出现堵管现象。喷射过程中应及时检查混凝土的回弹率和实际配合比。喷射混凝土的回弹率：侧壁不应大于 15%，拱部不应大于 25%。

(2)喷射混凝土拌和物的停放时间不得大于 30 min。

(3)必须在隧道开挖后及时进行施作。喷射混凝土严禁选用具有潜在碱活性骨料。喷混凝土厚度应预埋厚度控制标志，严格控制喷射混凝土的厚度。

(4)喷射前应仔细检查喷射面，如有松动土块应及时处理。喷射机应布置在安全地带，并尽量靠近喷射部位，便于掌机人员与喷射手联系，随时调整工作风压。

(5)喷射完成后应检查喷射混凝土与岩面黏结情况，可用锤敲击检查。同时测量其平整度和断面，并将此断面与开挖断面对比，确认喷射混凝土厚度是否满足设计和规范要求。当有空鼓、脱壳时，应及时凿除，冲洗干净进行重喷，或采用压浆法充填。

(6)在喷射侧壁下部时，需将上半断面喷射时的回弹物清理干净，防止将回弹物卷入下部喷层中形成“蜂窝”而降低支护强度。

(7)经常检查喷射机出料弯头、输料管和管路接头，发现问题及时处理。管路堵塞时，必须先关闭主机，然后才能进行处理。

(8)喷射完成后应先关主机，再依次关闭计量泵、振动棒和风阀，然后用清水将机内、输送管路内残留物清除干净。

(9)喷射混凝土冬期施工时，洞口喷射混凝土的作业场合应有防冻保暖措施；作业区的气温和混合料进入喷射机的温度均不应低于5℃；在结冰的层面上不得进行喷射混凝土作业；混凝土强度未达到6 MPa前，不得受冻。

5310 画出干式喷射混凝土施工工艺流程图？

干式喷射混凝土施工工艺流程如图5-5所示。

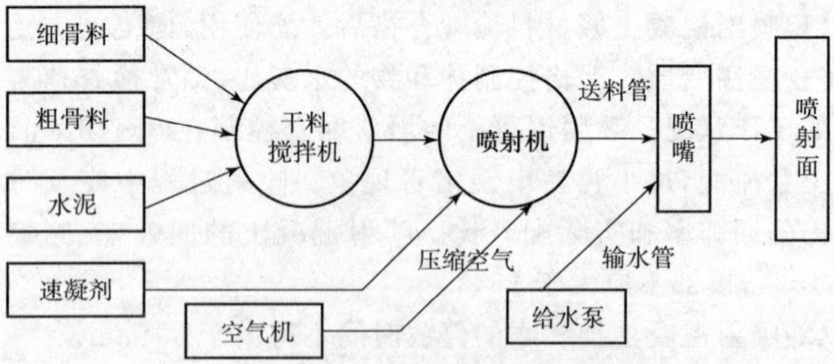

图5-5 干式喷射混凝土施工工艺流程

5311　喷射混凝土的质量检查内容是什么?

(1)喷射混凝土强度:喷射混凝土的早期(1 d)强度、28 d 强度必须符合设计要求。

(2)喷射混凝土的厚度和表面平整度应符合下列要求:

1)平均厚度大于设计厚度。

2)检查点数的 80%及以上大于设计厚度。

3)最小厚度不小于设计厚度 2/3。

4)表面平整度的允许偏差为 100 mm。

(3)喷射混凝土背后空洞、与围岩的密贴情况。

(4)喷射混凝土与围岩的黏结力;

5312　喷射混凝土作业应符合哪些要求?

(1)喷射混凝土施工前用高压水或高压风管将岩壁面的粉尘和杂物冲洗干净。

(2)喷射作业应分段、分片由下而上顺序进行,每段长度不宜超过 6 m。

(3)喷射作业应以适当厚度分层进行,后一层喷射应在前一层混凝土终凝后进行。若终凝后间隔 1 h 以上且初喷表面已蒙上粉尘时,受喷面应用高压气体、水清洗干净。一次喷射混凝土厚度见表 5-1。

表 5-1　一次喷射混凝土厚度

部位	不掺钢纤维(cm)	掺钢纤维(cm)
边墙	7～10	10～15
拱部	5～7	7～10

(4)岩面有较大凹洼时,结合初喷予以找平。

(5)喷射混凝土作业需紧跟开挖面时,下次爆破距喷射混凝土作业完成时间的间隔不得小于 4 h。

(6)冬季施工时,喷射作业区的气温不应低于5℃。在结冰的层面上不得喷射混凝土。混凝土强度未达到6 MPa前,不得受冻。混合料应提前运进洞内。

(7)有水地段喷射混凝土时应采取以下措施:

1)当涌水点不多时,钻孔进行导水处理后再喷射,当涌水范围大时,设置网状排水导管后再喷射,当涌水严重时可设置泄水孔,边排水边喷射。

2)改变配合比,增加水泥用量。先喷干混合料,待其与涌水融合后,再逐渐加水喷射,喷射时由远而近,逐渐向涌水点逼近,然后在涌水点安设导管,将水引出,再在导管附近喷射。

(8)喷射机的工作风压应控制在0.1～0.15 MPa。可根据喷出料情况适当调节风压,干喷时喷头处的水压应大于风压0.05～0.1 MPa。

(9)喷头与受喷面宜垂直,距离应与工作风压相适应,以0.6～1.2 m为宜。有钢筋网时,喷射距离可小于0.6 m,喷射角度可稍偏一些。

(10)喷射混凝土回弹率应按表5-2予以控制。

表5-2 喷射混凝土回弹率控制

部位	素喷混凝土(%)	钢筋网喷射混凝土(%)	钢纤维喷射混凝土(%)
拱部	≤40	≤45	≤20
边墙	≤30	≤35	≤15

第四节 监控量测

5401 什么是监控量测?隧道监控量测的目的是什么?

隧道的监控量测是指为了解正在施工或已运营的隧道围岩的岩石力学性质和支护结构的受力状态,保证施工安全和工程安全,采用各种量测仪器对围岩和支护结构所进行的量测工作。

包括对围岩和支护结构的应力、应变、变形和弹性波参数的监测。

监控量测是施工工艺流程中的一个重要工序，应贯穿施工的全过程。监控量测应达到下列目的：

(1)掌握围岩和支护的动态信息并及时反馈，指导施工作业。

(2)通过对围岩和支护的变形、应力量测，为修改设计提供依据。

5402　隧道监控量测的必测项目有哪些？

在复合式衬砌和喷锚衬砌隧道施工时必须进行必测项目的量测。必测项目见表 5-3。

表 5-3　监控量测必测项目

序号	项目名称	方法及工具	布置	测试精度	量测间隔时间			
					1～15 d	16 d～1个月	1～3个月	大于3个月
1	洞内、外观察	现场观测、地质罗盘等	开挖及初期支护后进行	—	—			
2	周边位移	各种类型收敛仪	每 5～50 m 一个断面，每断面 2～3 对测点	0.1 mm	1～2 次/d	1～2 次/d	1～2 次/周	1～3 次/月
3	拱顶下沉	水准测量的方法，水准仪、钢尺等	每 5～50 m 一个断面	0.1 mm	1～2 次/d	1～2 次/d	1～2 次/周	1～3 次/月
4	地表下沉	水准测量的方法，水准仪、铟钢尺等	洞口段、浅埋段($h_0 \leqslant 2b$)	0.5 mm	开挖面距量测断面前后＜$2b$时，1～2 次/d； 开挖面距量测断面前后＜$5b$时，1 次/2～3 d； 开挖面距量测断面前后＞$5b$时，1 次/3～7 d			

注：b 为隧道开挖宽度；h_0 为隧道埋深。

5403 隧道监控量测的选测项目包括哪些？

隧道监控量测的选测项目应根据设计要求、隧道横断面形状和断面大小、埋深、围岩条件、周边环境条件、支护类型和参数、施工方法等综合选择选测项目（表 5-4）。

表 5-4 监控量测选测项目

序号	项目名称	方法及工具	布置	测试精度	量测间隔时间			
					1～15 d	16 d～1个月	1～3个月	大于3个月
1	钢架内力及外力	支柱压力计或其他测力计	每代表性地段1～2个断面，每断面钢支撑内力3～7个测点，或外力1对测力计	0.1 MPa	1～2次/d	1次/2 d	1～2次/周	1～3次/月
2	围岩体内位移（洞内设点）	洞内钻孔中安设单点、多点杆式或钢丝式位移计	每代表性地段1～2个断面，每断面3～7个钻孔	0.1 mm	1～2次/d	1次/2 d	1～2次/周	1～3次/月
3	围岩体内位移（地表设点）	地面钻孔中安设各类位移计	每代表性地段1～2个断面，每断面3～5个钻孔	0.1 mm	同地表下沉要求			
4	围岩压力	各种类型岩土压力盒	每代表性地段1～2个断面，每断面3～7个测点	0.1 MPa	1～2次/d	1次/2 d	1～2次/周	1～3次/月
5	两层支护间压力	压力盒	每代表性地段1～2个断面，每断面3～7个测点	0.1 MPa	1～2次/d	1次/2 d	1～2次/周	1～3次/月
6	锚杆轴力	钢筋计、锚杆测力计	每代表性地段1～2个断面，每断面3～7锚杆（索），每根锚杆2～4测点	0.1 MPa	1～2次/d	1次/2 d	1～2次/周	1～3次/月

续上表

序号	项目名称	方法及工具	布置	测试精度	量测间隔时间			
					1～15 d	16 d～1个月	1～3个月	大于3个月
7	支护、衬砌内应力	各类混凝土内应变计及表面应力解除法	每代表性地段1～2个断面，每断面3～7个测点	0.1 MPa	1～2次/d	1次/2 d	1～2次/周	1～3次/月
8	围岩弹性波速度	各种声波仪及配套探头	在有代表性地段设置	—	—			
9	爆破振动	测振及配套传感器	临近建(构)筑物	—	随爆破进行			
10	渗水压力、水流量	渗压计、流量计	—	0.1 MPa	—			
11	地表下沉	水准测量的方法，水准仪、铟钢尺等	洞口段、浅埋段($h_0>2b$)	0.5 mm	开挖面距量测断面前后$<2b$时，1～2次/d；开挖面距量测断面前后$<5b$时，1次/2～3 d；开挖面距量测断面前后$>5b$时，1次/3～7 d			

注：b为隧道开挖宽度；h_0为隧道埋深。

5404　监控量测应如何进行?

(1)周边位移、拱顶下沉和地表下沉等必测项目宜布置在同一断面，其量测面间距及测点数量应根据隧道埋深、围岩级别、断面大小、开挖方法、支护形式等确定。隧道开挖后应及时进行围岩、初期支护的周边位移量测、拱顶下沉量测。当围岩差、断面大或地表沉降控制要求高时宜进行围岩体内位移量测和其他量测。洞口段、浅埋段或地表有建(构)筑物，应进行地表沉降量测。

(2)量测部位和测点布置，应根据设计、地质条件、量测项目和施工方法等确定。地表下沉的量测尽量与洞内拱顶下沉量测、周边位移量测在同一横断面内，当地表有建(构)筑物时，应在建(构)筑物周围增设地表下沉测点。地表下沉量测应与洞内拱顶下沉和周边位移量测频率相同，并应符合下列规定：

1)地表下沉监测范围横向应延伸至隧道中线两侧(1～2)($b/2+h+h_0$)，纵向应在掌子面前后(1～2)($h+h_0$)(b 为隧道开挖宽度，h 为隧道开挖高度。h_0为隧道埋深)。测点间距宜为 2～5 m，并应根据地质条件和环境条件进行调整。

2)地表下沉监测应在隧道开挖前开始，到二次衬砌全部施工完毕，且下沉基本停止时为止。

(3)洞内必测项目，各测点应在不受到爆破影响的范围内尽快安设，并应在每次开挖后 12 h 内取得初读数，最迟不得超过 24 h，并且在下一循环开挖前必须完成。选测项目测点埋设时间根据实际需要进行。测点应牢固、可靠、易于识别，应能真实地反应围岩、支护的动态变化信息。洞内必测项目各测点应埋入围岩中，深度不应小于 0.2 m，不应焊接在钢支撑上，外露部分应有保护装置。

(4)各项量测作业均应持续到变形基本稳定后 15～20 d 结束。对于膨胀性和挤压性围岩，位移没有减小趋势时，应延长量测时间。

5405 如何进行围岩稳定性的综合判别？

(1)实测位移值不应大于隧道的极限位移，并按表 5-5 位移管理等级施工。一般情况下，宜将隧道设计的预留变形量作为极限位移，而设计变形量应根据监测结果不断修正。

表 5-5 位移管理等级

管理等级	管理位移(mm)	施工状态
Ⅲ	$U<(U_0/3)$	可正常施工
Ⅱ	$(U_0/3)\leqslant U\leqslant(2U_0/3)$	应加强支护
Ⅰ	$U>(2U_0/3)$	应采取特殊措施

注：U 为实测位移值；U_0为设计极限位移值。

(2)根据位移速率判断：速率大于 1 mm/d 时，围岩处于急剧变形状态，应加强初期支护；速率变化在 0.2～1.0 mm/d 时，应加强观测，做好加固的准备；速率小于 0.2 mm/d 时，围岩达到基本稳定。在高地应力、岩溶地层和挤压地层等不良地质中，应根据具体情况制定判断标准。

(3)根据位移速率变化趋势判断：当围岩位移速率不断下降时，围岩处于稳定状态；当围岩位移速率变化保持不变时，围岩尚不稳定，应加强支护；当围岩位移速率变化上升时，围岩处于危险状态，必须立即停止掘进，采取应急措施。

(4)初期支护承受的应力、应变、压力实测值与允许值之比大于或等于 0.8 时，围岩不稳定，应加强初期支护；初期支护承受的应力、应变、压力实测值与允许值之比小于 0.8 时，围岩处于稳定状态。

5406 量测数据应如何处理？

(1)应及时对现场量测数据绘制时态曲线(或散点图)和空间关系曲线。

(2)当位移—时间曲线趋于平缓时，应进行数据处理或回归分析，以推算最终位移和掌握位移变化规律。

(3)当位移—时间曲线出现反弯点时，则表明围岩和支护已呈不稳定状态，此时应密切监视围岩动态，并加强支护，必要时暂停开挖。

(4)二次衬砌的施作应在满足下列要求时进行：

1)各测试项目的位移速率明显收敛，围岩基本稳定；

2)已产生的各项位移已达预计总位移量的 80%～90%；

3)周边位移速率或拱顶下沉速率小于规定值。

第五节 混凝土衬砌

5501 什么是整体式衬砌？整体式衬砌如何分类及各种类型适用范围有哪些？

隧道开挖后，以较大厚度和刚度的整体模筑混凝土作为隧道的结构。整体式衬砌按照工程类比、不同围岩级别采用不同的衬砌厚度。其形式有直墙式和曲墙式两种，而曲墙式又分为有仰拱和无仰拱两种。

(1)直墙式衬砌

适用于地质条件比较好，以垂直围岩压力为主而水平围岩压力较小的情况。主要适用于Ⅰ～Ⅲ级围岩，直墙式衬砌由上部拱圈、两侧竖直边墙和下部铺底三部分组合而成。

(2)曲墙式衬砌

曲墙式衬砌适用于地质较差，有较大水平围岩压力的情况。主要适用于Ⅳ级及以上的围岩，或Ⅲ级围岩双线隧道；多线隧道也采用曲墙有仰拱的衬砌。曲墙式衬砌由顶部拱圈、侧面曲边墙和仰拱/底板(或铺底)组成。

在Ⅳ级围岩无地下水，且基础不产生沉降的情况下可不设仰拱，只做铺底；一般均需设仰拱，以抵御隧道底部的围岩压力和防止衬砌沉降，并使衬砌形成一个环状的封闭整体结构，以提高衬砌的承载能力。

5502 什么是复合式衬砌？是如何分层和施作的，其作用有哪些？

复合式衬砌是指把衬砌分成两层或两层以上，可以是同一种形式、方法和材料施作的，也可以是不同形式、方法、时间和材料施作的。

目前大都采用内外两层衬砌。按内外衬砌的组合情况可分为：初期支护与二次衬砌。根据围岩条件不同，分别采用不同的断面形式和支护、衬砌参数。

复合式衬砌是先在开挖好的洞壁表面喷射一层早强的混凝土(有时也同时施作锚杆)，凝固后形成薄层柔性支护结构(称初期支护)。它既能容许围岩有一定的变形，又能限制围岩产生有害变形，其厚度多在 5～20 cm 之间。

一般待初期支护与围岩变形基本稳定后再施作内衬。为了防止地下水流入或渗入隧道内，可以在外衬和内衬之间设防水层，其材料可采用软聚氯乙烯薄膜、聚异丁烯片、聚乙烯等防水卷材，或用喷涂防水涂料等。

复合式衬砌可以满足初期支护施作及时、刚度小、易变形的要求，且与围岩密贴，从而能保护和加固围岩，充分发挥围岩的自承作用。

5503 二次衬砌应在什么时间施作?

(1)围岩及初期支护变形基本稳定以后施作，是很理想的情况。这时二次衬砌基本不受力。

(2)浅埋段、塌方段、土层围岩及软弱围岩段等，初期支护及围岩变形不能稳定或稳定时间较长(15～30 d)，除加强初期支护外，应提前施作二次衬砌。

(3)膨胀性围岩、高地应力地段:不能过早施作二次衬砌，应让地应力充分释放。

(4)多数情况下，二次衬砌距掌子面的距离不超过 150 m 为好。

5504 二次复合衬砌施工有哪些基本要求?

(1)二次衬砌施工应在隧道结构防排水施作完毕并检查合格后进行。

(2)一般地段隧道二次衬砌分小边墙(电缆沟盖板以下部分)和拱部二衬混凝土两次灌注;在有仰拱地段，应先施作仰拱衬砌混凝土。

(3)二次衬砌模板放样时，衬砌轮廓线扩大 5 cm，确保衬砌不侵入隧道建筑限界。

(4)二次衬砌模板采用整体式衬砌台车，衬砌台车应具有足够的刚度，台车的面板厚度应大于 8 mm;对于特长隧道，台车的平移系统和升降系统宜采用全自动液压系统，其他可采用机械式，台车首排观察孔高度不得大于 2 m，台车长度可按 9～12 m 制作。若隧道短于 200 m，二次衬砌模板可采用简易台车。

(5)二衬混凝土应在集中搅拌站搅制，混凝土的坍落度宜控制在 12～16 cm。

(6)二衬混凝土运输采用混凝土运输车，采用地泵泵送。

(7)二衬混凝土灌注应左右两侧对称交错进行，两侧混凝土浇筑面高差不得大于 150 cm。

(8)二衬混凝土采用分层灌注，分层高度应根据搅拌能力、运输距离、洞内气温和振捣等因素确定。

(9)二衬混凝土振捣采用插入式振捣器进行。

(10)二衬混凝土养护采用喷洒养护剂法养护。

(11)二衬时围岩变形已基本稳定地段，二衬混凝土强度达到 2.5 MPa 时方可拆模；二衬时围岩变形未稳定地段，二衬混凝土强度达到 10 MPa 时方可拆模。

5505　画出二次衬砌施工的工艺流程图。

二次衬砌施工工艺流程如图 5-6 所示。

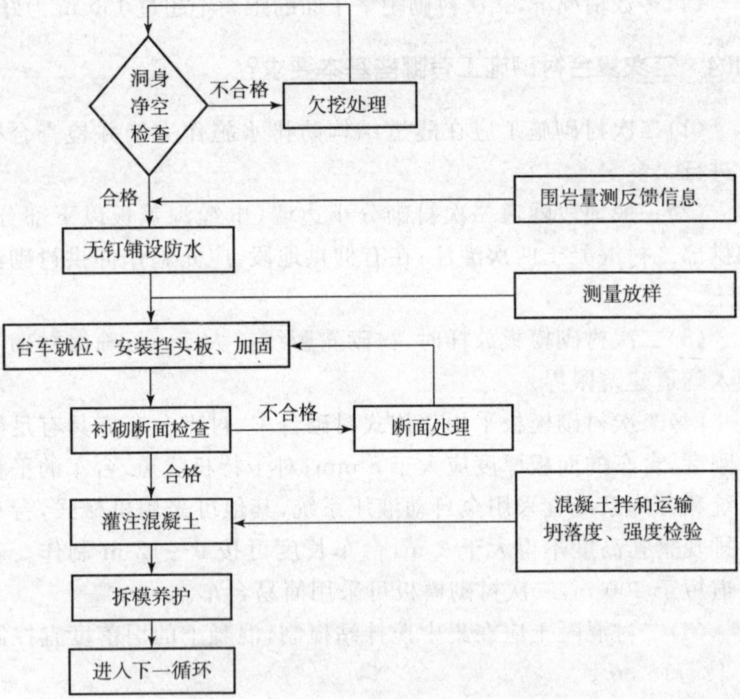

图 5-6　混凝土衬砌施工工艺流程图

5506　二次衬砌使用的模板的形式及特点是什么？

(1)组装式模板

对于先墙后拱法施工，拱架是架设在墙架的立柱上的。先拱后墙法施工时，拱架的架设是在复核检查中线及拱部净空无误后，在拱脚放线定位，直接支承在地层上，现场广泛采用 38 kg/m 的旧钢轨弯制成的钢拱架。为了运输和拆装方便，每根钢拱架分成左右两片。

目前，现场亦多采用钢模板，但应注意在使用中尺寸型号要配套，并要经常将已有变形的钢模板予以修整，以保证衬砌尺寸准确、表面平顺光滑。

拼装式拱架模板常将整榀拱架分解为 2～4 节，进行现场组装。为减少安装和拆卸工作量，可以做成简易移动式拱架，即将几榀拱架连成整体，并安设简易滑移轨道。

(2)整体移动式模板台车

整体移动式模板台车采用大块曲模板、机械或液压脱模、背附式振捣设备集装成整体，并在轨道上走行，有的还设有自行设备，从而缩短立模时间，墙拱连续浇筑，加快衬砌施工速度。

整体移动式模板台车的生产能力大，可配合混凝土输送泵联合作业，是较先进的模板设备。我国较多的施工单位在现场自制简单的模板台车，效果也很好。

5507　为保证衬砌灌注的质量应注意哪些问题？

要使衬砌灌注质量良好，须处理好如下几个问题：

(1)衬砌灌注中墙拱接口的处理

先拱后墙法施工时，要注意墙顶与拱脚间的接口封填。如边墙用塑性混凝土灌注时，应在接近拱脚处留 7～10 cm 缺口，待 24 h 后，使先灌的边墙充分收缩，经过施工间歇处理，再以较干的混凝土紧密填实。如边墙用干硬性混凝土灌注时，墙顶封口可连续完成。

(2)回填与压浆

隧道拱圈和边墙背后的空隙必须回填密实，并应与混凝土灌注工作同时进行。用先拱后墙法施工时，拱脚以上 1 m 范围内，应用与拱圈同级的混凝土一起灌注。边墙基底以上 1 m 范围内，宜用与边墙同级的混凝土一起灌注。其余部位的回填，应根据围岩稳定情况、空隙大小确定。

在浇筑衬砌混凝土时，虽然要求将超挖部分回填，但由于操作方法方面的原因，其中有些部位并不可能回填得很密实。这种情况在拱顶背后一定范围内较为明显。因此，这些部位应进行压浆处理，以使衬砌与围岩密贴，防止围岩进一步变形。压浆工作应在衬砌达到设计强度后或拱架拆除前及时进行，每段长度为 20～30 m，在衬砌两侧同时自下而上压注。

(3)仰拱的浇筑

若设计无仰拱，则铺底通常是在拱墙修筑好且开挖完毕后进行，以避免与拱墙衬砌和开挖作业的相互干扰。若设计有仰拱，说明侧压和低压较大，则应及时修筑仰拱使衬砌环向封闭，避免边墙挤入造成开裂甚至失稳。但仰拱和底板施工占用洞内运输道路，因此应对仰拱和底板的施作时间、分块施工顺序和与运输的干扰问题进行合理安排。但仰拱和底板施工占用洞内运输道路，因此应对仰拱和底板的施作时间、分块施工顺序和与运输的干扰问题进行合理安排。

浇筑仰拱时必须把隧道底部的虚渣、杂物及淤泥清除干净。仰拱超挖部分，若在允许范围内，应用与仰拱同级的混凝土回填。超出允许范围的部分，应用浆砌片石或片石混凝土回填密实。

5508 如何进行二次衬砌背后的回填注浆?

为防止初期支护与二次衬砌之间出现空洞或不密实，隧道二次衬砌施工完成并达到 100％强度后，进行拱顶预留空洞注浆。

施工中采用在衬砌顶部混凝土内预埋 ϕ20 镀锌注浆钢管或软

式注浆管。注浆管纵向间隔 2～3 m 处，注浆材料采用 M10 水泥砂浆，其配合比根据现场试验确定，回填注浆压力：初压 0.1～0.15 MPa，终压 0.2 MPa。

注浆前先做注水试验，主要检查注浆管路是否牢固可靠、注浆系统仪表是否正常及衬砌实体溢水位置。

预埋注浆管位置要固定准确，通过特殊方法固定。同时，为防止注浆管堵塞，在注浆管头要进行包裹，在进行注浆前打开封端。

第六节　仰拱与底板

5601　什么是仰拱？

仰拱是为改善上部支护结构受力条件而设置在隧道底部的反向拱形结构，是隧道结构的主要组成部分之一，它一方面要将隧道上部的地层压力通过隧道边墙结构或将路面上的荷载有效的传递到地下，而且还有效的抵抗隧道下部地层传来的反力。仰拱与二次衬砌构成隧道整体，增加结构稳定性。

5602　仰拱的作用是什么？

(1)解决基础承载力不够，减少下沉；防止底鼓的隆起变形，调整衬砌应力的作用。

(2)封闭围岩，阻止围岩过大的变形，提高机构的整体承载力。

(3)增加底部和墙部的支撑抵抗力，防止内挤而产生剪切破坏。

5603　仰拱与仰拱填充为什么不能一起浇筑？

(1)混凝土的设计强度等级不同，仰拱的设计强度等级高，填充的强度等级低。

(2)仰拱做完以后，对涌水量大的隧道还需要做防水。

(3)同时施工改变了受力状态,仰拱是作为隧道成环的承力结构,维护隧道围岩稳定,填充起的是荷载的传递作用,在仰拱没有凝固的情况下直接把填充和仰拱一块浇筑会改变隧道的受力导致隧道变形。

5604 仰拱部位开挖应符合哪些规定?

(1)挖至设计高程时,底面应圆顺,渣物应清除。

(2)做好排水设施,清除积水。

(3)隧道底两隅与侧墙连接处应圆顺。

(4)仰拱部开挖时,应采取措施保证施工交通安全。

5605 仰拱、底板混凝土施工应符合哪些规定?

(1)仰拱混凝土应超前拱墙混凝土施工。

(2)仰拱混凝土浇筑前应清除积水、杂物、虚渣等。

(3)仰拱混凝土浇筑必须使用模板,混凝土应振捣密实。

(4)仰拱施工缝和变形缝处应按设计要求进行防水处理。

(5)仰拱施工前,超挖在允许范围内时,应采用与衬砌相同强度等级的混凝土进行浇筑;超挖大于规定时,应按设计要求回填,不得用洞渣随意回填,严禁片石侵入仰拱断面。

(6)底板施工前应清除虚渣、杂物和积水。底板坡面应平顺。

(7)仰拱填充采用片石混凝土时,片石应距模板 50 mm 以上,片石间距应大于粗集料的最大粒径,并应分层摆放,捣固密实。

5606 仰拱的主要施工方法有哪些?简述各种方法及其特点。

仰拱的主要施工方法:仰拱分幅施工法、仰拱栈桥施工法、平行导坑运输的仰拱施工法、支墩施工法、仰拱预制施工法、仰拱顺序施工法等六种施工方法。

(1)仰拱分幅施工法

采用该方法时将隧道仰拱分成两半幅施作,当其中半幅进行施工时,另外半幅作为掘进运输通道,等一侧施工完成后换另一侧进行施工，二者交叉进行。仰拱大都采用人工摊铺，所使用的机械设备也是一般的混凝土浇筑、振捣设备，没有专用的仰拱施工设备。

（2）仰拱栈桥施工法

采用该方法施工时先在隧道底部的渣石上架设仰拱栈桥，保证运输不中断，接着清理干净栈桥下的渣石，然后进行仰供和填充的混凝土浇筑。等混凝土达到一定强度后即可移动仰供栈桥至下一个施工位置，此时栈桥一端搭于隧底的渣石上，另一端搭于仰拱填充上，开始进行下一个循环的仰供施工。采用该方法施工，在仰拱施工的同时栈桥上能通过运输车辆，解决底部仰拱施工与运输车辆通行的干扰问题。

在实际施工中仰拱栈桥施工法又可以分成：连续栈桥法和间断栈桥法。采用连续栈桥法时使用的设备为专用的仰拱栈桥。所谓间断栈桥法就是采用多组简易栈桥进行仰拱施工。

（3）平行导坑运输的仰拱施工法

采用该方法在隧道正洞进行仰拱施工时，可利用平行导坑进行运输（出渣和进料）。由于采用该方法时仰拱施工与开挖运输之间相互不干扰，因此施作仰拱时只需要一般的混凝土浇筑、振捣设备即可，不需要专用的仰拱施工设备。介于平行导坑的设置需要考虑多方面的影响因素，目前在国内应用该方法施工的隧道比较少。

（4）支墩施工法

采用该方法时先将运输轨道拨向隧道一侧，将另一侧清底后，在长约 30～50 m 段上每隔 3～5 m 设一混凝土支墩，并在支墩上扣轨架设简易栈桥以便车辆通行，在另一侧清底，然后分段整幅灌注仰拱，其仰拱混凝土的浇筑大都是由自卸汽车或混凝土搅拌运输车在简易栈桥上直接倾倒，人工进行摊铺，用棒式振捣器进行振捣。严格来说，支敦施工法也是基于仰拱栈桥法的范畴，采用该方法施工时所用的机械设备为多组专用的简易栈桥及配套的混凝土运输、振捣设备等。

(5)仰拱预制施工法

仰拱预制施工法一般应用于TBM法施工的隧道中,其施工方法:先在专业工厂中预制生产好仰拱预制块,再用专用运输工具将预制块运至隧道中,然后利用吊装设备调整好仰拱预制块的安装位置,最后进行安装拼接及防水密封处理即可完成仰供施工。

(6)仰拱顺序施工法

仰拱顺序施工法就是在隧道贯通后再进行仰拱施工,该方法在长大隧道中很少采用,只在一些较短的隧道中应用。目前国内外在仰拱顺序施工过程都曾采用过仰拱施工专用台车,确保隧道仰拱施工质量。

5607 隧道仰拱施工要注意哪几个方面的问题?

(1)采用分幅施工法时,仰拱及填充被分为左、右两半分别浇筑,在隧底中间形成一道纵向施工缝,破坏隧道仰拱的整体性,使隧道衬砌环向承载能力大大降低;另外,在地下水发育地段,在仰拱中间施工缝处经常出现渗水、翻浆、冒泥等问题,给隧道后期运营安全埋下病害隐患。

(2)采用栈桥法施工虽然在一定程度上解决了仰拱施工与开挖运输作业的干扰问题,但是栈桥的结构和功能都过于简单,无法保证边墙脚与仰拱连接处的圆弧过渡成形,而且其自动化程度很低、移位比较困难。另外,采用仰拱栈桥施工时,栈桥下部施工空间比较狭小,大多只能人工摊铺施工,因而无法使仰拱和填充分开浇筑,违背仰拱用来承力、填充用来缓冲载荷的设计初衷。

(3)采用平行导坑运输的仰拱施工法适用面很窄,该方法仅仅适用于工期紧迫且有平行导坑设计的隧道。

(4)采用支墩法施工仰拱需要提前施作混凝土支墩,工序繁杂,而且这些混凝土支墩将仰供和填充连成一体,如果支墩处防水处理得不好,将会导致地下水上渗等问题。如果隧道施工采用有轨运输，运输轨道需要频繁地拆除并拨道到另一侧，将导致出渣与进料工作都被中断，浪费大量正常的施工时间，影响施工进度和工期。

(5)采用仰拱预制施工法时，仰拱预制块由专业厂家生产，虽然仰拱质量易于保证，但是需要为此增设专业的厂家制作仰拱预制块，费用比较高。

(6)采用仰拱顺序施工法时，虽然仰拱施工专用台车大大提高了隧道施工质量，但是仰拱没有及时跟进开挖，不能与初期支护及早封闭成环，这将会使围岩变形较大，不利于早期对隧道围岩稳定性的控制，特别是对破碎性围岩和膨胀性围岩的隧道极为不利；另外仰拱施工滞后于开挖很长时间才进行，大大降低施工效率，最终将导致施工工期延长。

5608　绘制栈桥法仰拱施工的工艺流程。

为保证施工安全，仰拱混凝土应及时施作，支护尽早闭合成环，整体受力，确保支护结构稳定。在隧道正洞仰拱及时施作，待喷锚支护全断面施作完成后，根据围岩收敛量测结果，拆除临时支护，开挖并灌注仰拱及填充混凝土，灌注仰拱混凝土按设计要求施作。仰拱施工工艺流程如图 5-7 所示。

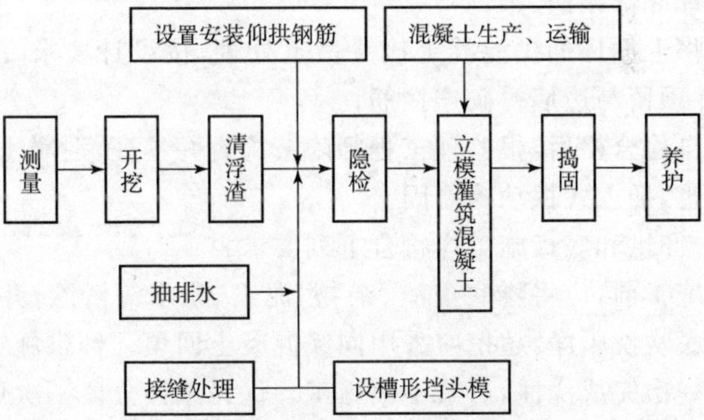

图 5-7　仰拱施工工艺流程图

5609 栈桥法仰拱施工的质量要求是什么？

为保证施工质量，仰拱混凝土与填充混凝土分层施作，同时解决出渣、进料运输与仰拱施工干扰及仰拱混凝土在未达到要求强度之前承受荷载的问题，采用仰拱栈桥进行施工。仰拱栈桥施工如图 5-8 所示。

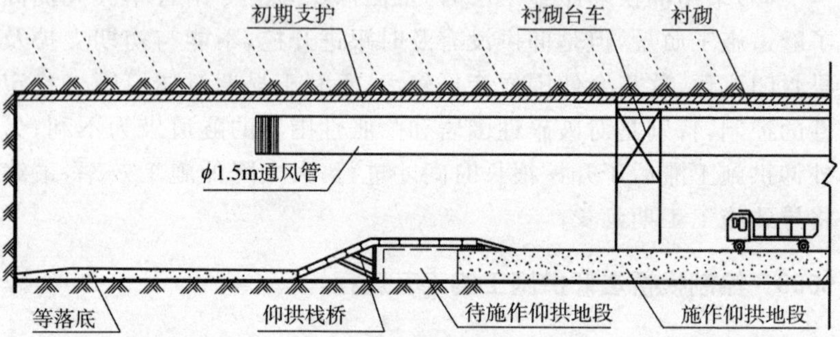

图 5-8 仰拱栈桥立面示意图

(1)仰拱混凝土工艺

1)测量放样。

2)采用爆破施工(全断面开挖爆破一次到位，暂不出渣)，人工辅助清理底部浮渣、杂物；

3)将上循环仰拱混凝土接头凿毛处理，按设计要求安装仰拱钢筋，并预留与边墙衬砌连接筋；

4)自检合格后，报监理工程师隐蔽检查并签证，混凝土输送车运输浇筑，插入式振动棒捣固。

(2)仰拱和底板施工应符合下列要求：

1)施工前，应将隧底虚渣、杂物、泥浆、积水等清除，并用高压风将隧底吹洗干净，超挖应采用同级混凝土回填。仰拱施工时，必须全幅一次完成浇注，严禁半幅施工。优先选择分段一次成形，保证仰拱整体稳定。

2)仰拱施作于拱墙二次衬砌之前，其超前距离保持 3 倍以上衬砌循环作业长度。

3)底板、仰拱及填充分层整体浇筑采用防干扰作业平台保证作业空间;仰拱成型采用浮放模板支架。

4)仰拱施工缝和变形缝处应做防水处理。由于大模板衬砌台车设计没有常规的矮边墙施工,所以仰拱填充面上在边墙二衬厚度一半的范围纵向预埋中埋式橡胶止水带。

5)填充混凝土在仰拱混凝土达到 5 MPa 后浇筑,仰拱混凝土、填充混凝土不得同时浇筑。

6)仰拱施工缝和变形缝作防水处理。

7)膨胀岩性地段,开挖后及时施作仰拱。

8)填充混凝土强度达到 5 MPa 后允许行人通行,填充混凝土强度达到设计强度的 100%后允许车辆通行。

5610　仰拱混凝土的施工应注意哪些问题?

(1)浇筑混凝土前,应对支架、模板、钢筋和预埋件进行检查,并做好记录,符合设计要求后方可浇筑。模板内的杂物、积水和钢筋上的污垢须清理干净。模板如有缝隙,应填塞严密,模板内面应涂刷水溶性脱模剂。浇筑混凝土前,应检查混凝土的均匀性和坍落度。

(2)自高处向模板内倾卸混凝土时,为防止混凝土离析,从高处直接倾卸时,其自由倾落高度不宜超过 2 m,不发生离析为准;当倾落高度超过 2 m 时,应通过串筒、溜槽。混凝土堆积高度不得超过 1 m。

(3)混凝土按一定厚度、顺序和方向分层浇筑,在下层混凝土初凝或能重塑前浇筑完成上层混凝土。在倾斜面上浇筑混凝土时,应从低处开始逐层升高,保持水平分层。混凝土分层浇筑厚度根据捣实方法确定,使用插入式振动器浇筑厚度不大于 30 cm。

1)使用插入式振动器时,移动间距不超过振动器作用半径的 1.5 倍;插入下层混凝土 50 mm,与侧模保持 50～100 mm 的距离;每一处振动完毕后边振动边慢慢提出振动棒;避免振动棒碰撞模板、钢筋及其他预埋件。

2)表面振动器的移位间距,应以使振动器平板能覆盖已振实部分 100 mm 左右为宜。

3)对每一振动部位,必须振动到该部位混凝土停止下沉,不再冒出气泡,表面呈现平坦、泛浆为止。

(4)混凝土的浇筑应连续进行,如因故必须间断时,其间断时间应小于前层混凝土的初凝时间或能重塑的时间。混凝土运输、浇筑及间歇的全部时间不得超过终凝时间。当超过时应预留施工缝。

第六章　防水与排水

第一节　施工防排水

6101　防排水的原则是什么？

防排水采用“截、防、堵、排结合，因地制宜，综合治理”的原则。

（1）截：截断地表水和地下水流入隧道的通道，洞口地表设天沟等截水沟以及地表陷穴等整治。

（2）防：防止地下水从衬砌背后渗入隧道内，充分利用混凝土自防水能力，以及在衬砌与支护之间设置的防水层。

（3）堵：向支护背后压注水泥砂浆，用以充填支护与围岩间的空隙，以堵住地下水的通道，并使支护与围岩形成整体，改善支护受力条件。

（4）排：将地下水排入隧道内，再经由洞内排水沟（排水沟及盲沟）排走。

6102　公路隧道的施工防排水有哪些基本要求？

（1）隧道洞口及辅助坑道洞（井）口应及时做好排水系统，完善防排水措施。

（2）对于覆盖层较薄和渗透性强的地层，地表水应及早处理。

（3）洞内顺坡排水沟断面应满足排除隧道中渗漏水和施工废水的需要，并经常清理排水设施，防止淤塞，确保水路畅通。在膨胀岩、土质地层、围岩松软地段，排水沟中不得有积水，宜根据需要对排水沟进行铺砌或用管槽代替。

（4）洞内反坡排水必须采用水泵抽水。

（5）洞内有大面积渗漏水和股水时，宜集中汇流引排。

（6）明挖基坑和隧道洞口、竖井处，应保持地下水位稳定在基底开挖线 0.5 m 以下，必要时应采取降水措施。可采用井点降水法和深井降水法处理。

(7)集水坑设置的位置不得影响井内运输和安全。

(8)应制订防涌(突)水(泥)的安全措施。制定防涌(突)水的安全措施时，应考虑开挖面应布置超前钻孔，预防水囊、暗河、高压涌水等的危害。应对工程地质和水文地质作详细的调查分析，先判明地下水流方向，再确定钻孔位置、方向、数目和钻孔深度，并应采取防止涌水的措施。

(9)严寒地区隧道施工排水时，应采取防冻措施。

6103 对于覆盖层较薄和渗透性强的地层，防排水应注意哪些方面？

(1)洞口附近和浅埋隧道洞顶不得积水。

(2)黄土陷穴和岩溶孔洞等特殊地质应按设计要求处理。

(3)洞顶上方如有沟谷通过且沟谷底部岩层裂缝较多，地表水渗漏对隧道施工有较大影响时，应及时用浆砌片石铺砌沟底，或用水泥砂浆勾缝、抹面。

(4)洞顶附近有井、泉、池沼、水田等时，应妥善处理，不宜将水源截断、堵死。

(5)洞顶已有排水沟槽应予整治，确保水流畅通，必要时应进行铺砌。

(6)洞顶设有高压水池时，水池位置宜远离隧道轴线，水池应有防渗措施，对水池溢水应有疏导设施。

(7)隧道地表沟谷(槽)、坑洼、钻孔、探坑等，宜采用疏导、勾补、铺砌和填平等措施，废弃的坑洞、钻孔等应填实密闭，防止地表水下渗。

6104 隧道施工防排水应如何设计，如何实施？

隧道施工防排水设施应与营运防排水工程相结合。隧道施工防排水工作应按防、截、排、堵相结合的综合治理原则进行。隧道施工前应根据工程地质、水文地质资料制定防排水方案。施工方应按现场施工方法、机具设备等情况，选择不妨碍施工的防排水措施。隧道进洞前应先做好洞顶、洞门、辅助坑道门的地面排水系统，防止地表水的下渗和冲刷。施工中应对洞内的出水部位、水量大小、涌水情况、变化规律、补给来源及水质成分等做好观测和记录，并不断改善防排水措施。当防排水设计不符合实际情况，设计中有遗漏或施工中有增减时，施工单位应及时提请变更设计。

隧道两端洞口及辅助坑道洞(井)口应按设计要求及时做好排水系统；覆盖较薄和渗透性强的地层，地表积水应及早处理。洞内顺坡排水，其坡度应与线路坡度一致，洞内反坡排水时，必须采取机械抽水。洞内有大面积渗漏水时，宜采用钻孔将水集中汇流引入排水沟。其钻孔的位置、数量、孔径、深度、方向和渗水量等应作详细记录，以便在衬砌时确定拱墙背后排水设施的位置，洞内涌水或地下水位较高时，可采用井点降水法和深井降水法处理。严寒地区隧道施工排水时，宜将水沟、管埋设在冻结线以下或采取防寒保温措施。洞顶上方设有高位水池时应有防渗和防溢水设施。当隧道覆盖层厚度较薄且地层水渗透性较强时。水池位置应远离隧道轴线。

6105　常见的施工排水方法是什么？

(1)上坡施工段，施工排水采用两侧挖排水沟、自然排水的方法排水。

(2)下坡施工段，施工排水采用挖集水井汇水、抽水机接力抽水、单侧挖排水沟的方法排水。

1)根据距离、坡度、水量、设备和施工组织布置管路，一次或分段接力将水排出洞外。

2)抽水机的集水坑容积应按实际排水量确定，应设在对施工干扰较小的位置。

3)抽水机功率应大于排水所需功率的20%，并备用抽水机。

4)做好停电时的应急排水准备工作。

(3)隧道洞口外设置污水处理、沉淀池,施工废水经污水处理达到有关标准后方可排放,以保证环境不被污染。

6106 特殊地层的排水应如何设计?

(1)隧道通过不透水和透水性强的互层时,应根据设计文件和调查资料提供的情况,在可能进入滞水带前 20～30 m,用深孔钻机钻孔穿入透水层,以利预探和排水。当涌水量很大,用钻孔不能满足排水需要时,应在衬砌完成地段或围岩坚硬稳定地段开挖迂回侧洞,排除滞水带内储水。泄水洞施工前,应参照设计文件提供的水文资料和涌水处理措施确定施工方法。

(2)松散破碎含水地层中,洞内工作面可采用人工降水法;浅埋隧道可采用地表深井降水法减小水压,降低地下水位。当含水量大且地段较长时,可采用超前预注浆堵水。围岩注浆堵水应根据工程地质和水文地质条件,通过试验做出设计,再进行压浆。在施工过程中应修正各项注浆参数,改进工艺操作,提高堵水效果。

6107 隧道洞口及辅助坑道洞(井)口的排水规定有哪些?

(1)边坡、仰坡坡顶的截水沟应结合永久排水系统在洞口开挖前修建,其出水口应防止水顺坡面漫流,洞顶截水沟应与路基边沟顺接组成排水系统,应防止水流冲刷弃渣危害农田和水利设施。

(2)洞外路堑向隧道内为下坡时,路基边沟应做成反坡,向路堑外排水。

(3)多雨地区,应做好防止洞口仰坡范围内地表水下渗和冲刷的防护措施。

6108 采用井点降水施工时应符合哪些要求?

(1)根据降水要求,选择降水形式、降水设备,编制降水施工方案。

(2)在隧道两侧地表面布置井点,间距宜为 25～35 m。井底应在隧底以下 3～5 m。

(3)应设水位观测井,及时测定动水位,调整降水参数,保证降水效果。

(4)重视降水范围内地表环境的保护,制定包括量测监控、回灌等措施,预防地表超限下沉。

6109 隧道防止涌水的措施有哪些?

(1)非施工人员必须撤出危险区。

(2)应及时测算涌水的水量、水压、流速、含泥砂量等,备足配套的抽水设备。

(3)在钻孔口预先埋管设阀,控制排水量,防止承压水冲击及淹没坑道等意外险情发生。

(4)水平钻孔钻到预期的深度尚未出水时,可会同设计单位进一步进行地质和水文的勘测工作,重新判定地下水情况。

第二节 结构防排水

6201 隧道常用的防排水措施有哪些?

(1)开挖采用光面爆破技术,保证开挖面圆顺,是结构防水的基础。

(2)对岩面渗水预先进行有效处理。

(3)富水地段采用预注浆进行有效固结止水。

(4)利用喷射混凝土作为结构防水的关键环节。

(5)对衬砌环节缝认真处理。

(6)采用防水混凝土施工工艺。

(7)加强混凝土工艺,确保衬砌结构自防水。

6202 结构防排水施工应注意哪些方面?

(1)洞内永久性防排水结构物施工时,防排水结构物的断面形状、尺寸、位置和埋设深度应符合设计要求。衬砌背后设置排水暗沟、盲沟和引水管时，应根据隧道的渗水部位和开挖情况适当选择排水设施位置，并配合衬砌进行施工。设在衬砌背后和隧底的纵横向排水设施，其纵横向坡应平顺，并配合其他作业同时施工；当隧底岩层松软有裂隙水时，应视具体情况加深侧沟或中心水沟的沟底，或增设横向盲沟，铺设渗水滤层及仰拱等。衬砌背后采用压注水泥砂浆防水时，压浆地段混凝土衬砌达设计强度70%时，方可进行压浆，如遇流沙或含水土质地层，不宜采用水泥砂浆作防水层；注浆地段衬砌背面宜用干砌片石回填紧密，并每隔20 m左右用1 m厚浆砌片石或混凝土作阻浆隔墙，分段进行压浆。压浆顺序从下而上，从无水、少水的地段向有水或多水处。从下坡方向往上坡方向，从两端洞口向洞身中间压浆。隧道衬砌采用防水混凝土时，必须经现场试验达到规定要求后方可使用。

(2)衬砌的施工缝和沉降缝采用橡胶止水带或塑料止水带防水时，止水带不得被钉子、钢筋或石子刺破。在固定止水带和灌注混凝土过程中应防止止水带偏移。应加强混凝土振捣，排除止水带底部气泡和空隙，使止水带和混凝土紧密结合。

(3)复合式衬砌中防水层的施工应满足下列要求：防水层应在初期支护变形基本稳定后，二次衬砌施作前进行。防水层可在拱部和边墙按环状铺设，并视材质采取相应的接合方法。开挖和衬砌作业不得损坏防水层，当发现层面有损坏时应及时修补。防水层纵横向一次铺设长度应根据开挖方法和设计断面确定。铺设前，宜先行试铺，并加以调整。防水层在下一阶段施工前的连接部分，应保护好，不得弄脏和破损。防水层属隐蔽工程，二次衬砌浇筑前应检查防水层质量，做好接头标记，并填写质量检查记录。

(4)停车带与正洞连接处的防排水工程应与正洞同时完成，其搭接处应平顺，不得有破损和折皱。

6203 防水混凝土的原材料应注意哪些问题？

(1)防水混凝土所用水泥应具有泌水少、水化热低等性能。按要求采用防水添加剂。

(2)防水混凝土应当采用中砂,含泥量不应大于3%,泥块含量不应大于0.5%。

(3)粗骨料含泥量不应大于1%,泥块含量不应大于0.25%。

6204 防水混凝土的配合比应注意哪些问题?

(1)每立方米混凝土中水泥和矿物掺加总量不宜小于320kg。

(2)砂率宜为35%~45%。

(3)水灰比不得大于0.55。

(4)非泵送防水混凝土的坍落度不宜大于50 mm。泵送防水混凝土的入泵坍落度宜为100~140 mm。坍落度每小时的损失值不应大于30 mm。

(5)掺加引气剂的混凝土含气量应控制在3%~5%。

(6)防水混凝土采用预拌混凝土时,缓凝时间宜为6~8 h。

6205 防水混凝土施工应注意哪些问题?

(1)防水混凝土应采用机械搅拌、机械振捣,搅拌时间不得小于2 min。

(2)拌制混凝土所用材料的品种、规格和用量,每作业班检查不应少于两次。每盘混凝土各组成材料计量结果的偏差应符合以下规定:水泥、掺和料每盘称量误差不大于±2%,累计误差不大于±1%;粗、细集料每盘称量误差不大于±3%,累计误差不大于±2%;水、外加剂每盘称量误差不大于±2%,累计误差不大于±1%。

(3)混凝土在浇筑地点的坍落度,每作业班至少检查两次。混凝土实测的坍落度与要求坍落度之间的偏差,当坍落度小于40 mm时允许误差10 mm,当坍落度在50~90 mm时允许误差20 mm,当坍落度大于100 mm时允许误差30 mm。

(4)防水混凝土拌和物在运输后如出现离析,必须进行二次搅拌。当坍落度损失后不能满足施工要求时,应加入原水灰比的水泥浆或二次掺加减水剂进行搅拌,严禁直接加水。

(5)防水混凝土宜采用高频机械振捣密实，振捣时间宜为10～30 s，以混凝土泛浆和不冒气泡为准，应避免漏振、欠振和超振。掺加引气剂或引气型减水剂时，应采用高频插入式振捣器振捣。

(6)防水混凝土终凝后，应及时养护。养护时间不得小于14 d。

(7)防水混凝土除检查强度外，还应检验抗渗防水性能。并保证其抗渗等级不低于设计要求。

6206 防水板铺设应符合哪些规定？

(1)应减少接头。

(2)搭接宽度不应小于100 mm。焊缝应严密，单条焊缝的有效焊接宽度不应小于12.5 mm，不得焊焦焊穿。

(3)绑扎或焊接钢筋时，不应损伤防水板。

(4)振捣混凝土时振捣棒不得接触防水板。

6207 简述防水板施工工艺？

防水层铺设利用作业平台施作。首先是土工布和防水层材料检验合格产品；监控量测表明支护变形已基本趋于稳定且净空满足二次衬砌厚度、初期支护表面平整突出锚杆端头处理平整，经探地雷达检测初期支护及背后密实，满足质量要求后铺设土工布和防水板。为防止飞石损坏防水层结构，不得在防水层铺设作业区进行爆破。在衬砌台车就位前，对防水层进行全面检查，铺设过程中对接缝进行充气检查。防水层施工与二次衬砌混凝土浇筑施工作业面之间相距25 m左右。

(1)施工准备及基面处理

彻底清除各种异物，如：石子、砂粒等，做到初期支护表面平整干净。不能出现酥松、起砂、较大的明显的凹凸起伏。

铲除各类尖锐突出物体，如：钢筋头、铁丝、凸出在作业面上的各种尖锐物体。

根据图纸高程尺寸，定好基准线，准确无误地按线下料。

施工设备如焊接机、检漏器、热风枪、电闸箱等，在工作前要做好检查和调整。确保设备正常运行，达到焊接要求，保证工程质量。

(2)防水板材的焊接

板材采用双缝热熔自动焊接机焊接。依据板材的厚度和自然环境的温差调整好焊接机的速度和焊接温度进行焊接。焊接完后的卷材表面留有空气道，用以检测焊接质量。

相邻两块防水板搭接长度为150 mm；中空充气部分为2 cm。

检查方法：用5号注射针与压力表相接，用排气筒进行充气，在0.25 MPa压力作用下15 min压力损失不超过10%。否则补焊至合格为止。

(3)防水板材的铺设、固定

根据实际情况下料，按基准线铺设防水板；用防水板材专用热熔衬垫和射钉把缓冲层固定在基面上，应用热熔衬垫焊接固定塑料防水板，最终形成无钉孔铺设的防水层。

在清理好的基面上铺设固定土工布垫层。在隧道喷射混凝土拱顶部标出隧道纵向的中心线，再使裁剪好土工布垫层中心线与喷射混凝土上的标志相重合，从拱顶部开始向两侧下垂铺设，用专用射钉把热熔垫片固定在土工布面上，同时也把土工布固定在喷混凝土面上。把防水板烫焊在热熔垫片上。平均间距拱顶0.5～0.8 m一个热熔垫片，拱腰0.8～1 m一个热熔垫片，呈梅花形布置。

铺设固定防水板：先在隧道拱顶部的土工布上标出隧道纵向的中心线，再使防水卷材的横向中心线与这一标志相重合，将拱顶部的防水卷材与热融衬垫片焊接，再同土工布垫层一样从拱顶开始向两侧下垂铺设，边铺边与热融衬垫焊接。铺设时要注意与土工布密贴，并不得拉得太紧，一定要留出余量。将防水板专用融热器对准热融衬垫所在位置进行热合。两者黏结剥离强度不得小于防水板抗拉强度。

6208 防水层施工应注意什么？

(1)铺设前对初期支护背后注浆，直至无水渍时才铺防水板，同时清理喷射混凝土面，凸凿凹补，使之平整，无钢筋头。

(2)工程采用的防水卷材、防水板、无纺布缓冲保护层材料必须符合设计要求，且完好。

(3)防水层在拱部和边墙按环状铺设，接头用自行式热合机焊接，搭接宽度不小于10 cm，焊缝宽度不小于2.5 cm，为双缝焊。

(4)用冲击钻在初支面上钻孔，塞入木条作为防水层固定点，固定点间距，拱部为50～70 cm，边墙为100～120 cm。

(5)防水层用垫圈和绳扣吊挂在固定点上，固定点间防水板不得绷紧，保证灌注混凝土时板面与喷射混凝土面能密贴。

(6)防水板与无纺布应密切叠合，整体铺挂。

(7)停车带与正洞，横洞与正洞连接处的防水层应与正洞同时完成，其搭接处应平顺，不得有破损和折皱。

6209 止水带施工应符合哪些规定？

(1)止水带埋设位置应正确，其中间空心圆环应与变形缝的中心线重合；止水带定位时，应使其在界面部位保持平展，防止止水带翻滚、扭结，如发现有扭结不展现象应及时进行调正；在固定止水带和浇筑混凝土过程中应防止止水带偏移，以免单侧缩短，影响止水效果。

(2)止水带先施工一侧混凝土时，其端头模板应支撑牢固，严防漏浆。

(3)止水带的接头应连接牢固，宜设在距铺底面不小于300 mm的边墙上。

(4)止水带在转弯处应做成圆弧形，橡胶止水带的转角半径不应小于200 mm，钢片止水带不应小于200 mm，且转角半径应随止水带的宽度增大而相应加大。

(5)不得在止水带上穿孔打洞固定止水带。止水带不得被钉子、钢筋和石子刺破。如发现有割伤、破裂现象，应及时修补。

(6)宜加强混凝土振捣控制，排除止水带底部气泡和空隙，使止水带和混凝土紧密结合，应注意防止振捣造成止水带偏位或破损。

(7)止水带的长度应根据施工需要事先向生产厂家定制，尽量避免接头。如确需接头，根据止水带材质和止水部位可采用不同的接头方法。橡胶止水带的接头形式应采用搭接或复合接；塑料止水带的接头形式应采用搭接或对接。止水带的搭接宽度不应小于 100 mm，冷粘或焊接的缝宽不应小于 50 mm。

6210　止水带、止水条如何施工？

止水带长度在洞外按轮廓尺寸另加 40～50 cm 富余量裁剪，卷成捆运入洞内，吊挂在衬砌模型的端头。安装时先打开捆卷，从墙底开始，沿衬砌轮廓向上挂设，并固定在挡头模板中间，使止水带中心与工作缝重合。止水带两头用铁丝拉在模板上，中间摊平，止水带后一半埋入现浇混凝土中，前一半将埋入下一循环的混凝土中。为此，挡板间夹缝作到上下(或左右)顺直平整，以免灌注混凝土时漏浆。在设置止水带处，混凝土采用粒径小的粗集料，以保证止水带与混凝土胶结密实。

止水条则在衬砌挡头模板中间设一木条，混凝土浇筑挡头模板拆除后，在下一循环的混凝土浇筑前嵌入止水条，作为施工缝防水。

6211　软式透水管盲沟布设在什么位置，如何固定？

(1)布设位置

透水管盲沟设在初期支护与复合防水层之间，环向透水管盲沟在边墙底部与隧道洞内水沟相连，纵向间距 10 m/环。纵向透水管盲沟在防水卷材下端泄水孔标高处与侧沟相连。纵向盲沟每 10 m 设一段。

按设计位置布设盲管。为防止透水管侵占衬砌厚度，喷混凝

土时预埋一根 ϕ100 mm 钢管，喷毕后拆下钢管，在喷混凝土上形成一圆槽以利透水管安设。

(2)固定

在混凝土面上固定的方法是：在盲管两侧用射钉枪打入钢钉，钢钉上系细铁线固定透水管。

隧道拱墙防水层与初期支护间环向设 ϕ50 mm 透水盲管，墙脚纵向设 ϕ80 mm 透水盲管，墙脚纵向、拱墙环向盲管与墙脚泄水孔采用三通管连接。

施工时，用 5 cm 的锚固钉及 PE 板窄条将软式透水管固定在支护面上，纵向、环向每隔 50 cm 固定一处。

6212 施工缝的施工应符合哪些规定?

(1)仰拱不宜留纵向施工缝。

(2)墙体水平施工缝应设在高出底板面不小于 300 mm 的墙体上。拱墙结合的水平施工缝，宜设在拱墙接缝线以下 150～300 mm 处。

(3)水平施工缝混凝土浇筑前，应将其表面清理干净。涂刷混凝土界面处理剂；或者，先刷不低于结构混凝土强度等级的净浆，再铺 25～30 mm 厚的 1∶1 水泥砂浆，及时浇筑混凝土。冬季还应做好施工缝部位的防冻。

(4)垂直施工缝施工时，应将其表面浮浆和杂物清除。刷不低于结构混凝土强度等级的净浆或涂混凝土界面处理剂。及时浇筑混凝土。端头模板应支撑牢固，严防漏浆。端头应埋设表面涂有脱模剂的楔形硬木条(或塑料条)，形成预留浅槽，其槽应平直，槽宽比止水条宽 1～2 mm，槽深为止水条厚度的 1/2～2/3，将遇水膨胀止水条牢固地安装在预留浅槽内。

6213 变形缝的施工应符合哪些规定?

变形缝应满足密封防水、适应变形、施工方便、检修容易等要求，变形缝的施工应符合下列规定：

(1)沉降变形缝的最大允许沉降差值应符合设计规定,设计无规定时,不应大于 30 mm。当计算沉降差值大于 30 mm 时,应采取特殊措施。

(2)沉降变形缝的宽度宜为 20～30 mm。伸缩变形缝的宽度宜小于此值。

(3)变形缝处混凝土结构的厚度不应小于 300 mm。

(4)缝底应设置与嵌缝材料无黏结力的背衬材料或遇水膨胀止水条。

6214　洞口排水应做好哪些方面?

重视防止地表水的下渗。当隧道地表的沟谷、坑洼积水对隧道有影响时,宜采取疏导、填平或铺砌的措施,必要时可考虑在地表或洞内采取注浆堵水措施,防止地表水下渗。

洞门顶部设截水天沟,以形成完善的防排水系统。天沟设于边、仰坡顶刷坡线以外 5～10 m,以拦截地表水,其坡度根据地形设置,但不应小于 3%,以免淤积。

洞外水不得通过隧道引排,隧道纵坡为单面坡时,高端洞口洞外侧沟做成不小于 2‰的反坡排水,必要时洞外 2 m 设一道横向盲沟尺寸为 30 cm×40 cm(宽×深),以拦截路面水。

对洞口盲沟系统应定期检查其通畅性,当有阻塞时应及时疏通。

第七章　不良地质与特殊岩土地段施工

第一节　膨胀岩土

7101　什么是膨胀土，有哪些特征？

膨胀土是颗粒高分散、成分以黏土矿物为主、对环境的湿热变化敏感的高塑性黏土，主要由强亲水性黏土矿物蒙脱石和伊利石组成。它是一种吸水膨胀软化、失水收缩干裂的特殊土，具有胀缩性、裂隙性、超固结性的基本特性。它的主要特征是：

(1)粒度组成中黏粒(<2 μm)含量大于30%。

(2)黏土矿物成分中，伊利石、蒙脱石等强亲水性矿物占主导地位。

(3)土体湿度增高时，体积膨胀并形成膨胀压力；土体干燥失水时，体积收缩并形成收缩裂缝。

(4)膨胀、收缩变形可随环境变化往复发生，导致土的强度衰减。

(5)属液限大于40%的高塑性土。

(6)属超固结性黏土。

7102　膨胀土产生膨胀与收缩的原因是什么？

膨胀土产生膨胀与收缩的原因是很复杂的，一般由下述因素引起。

(1)超固结应力特征

膨胀土的超固结特征，使土体中储存有较高的初始应力，当隧道或地下洞室开挖后，引起围岩应力释放，强度降低，产生卸载膨胀，产生较大的塑性变形。

(2)多裂隙土体的结构——力学特征

膨胀土体的结构——力学特征，主要表现为具有明显的非均质性与不连续性，以及围岩强度与变形的各项异性和随时间的衰减性。由于膨胀土体在天然原始结构状态下具有高强度特性，隧道开挖后洞壁土体失去边界支撑，一方面产生胀裂，同时因风干脱水使原生裂隙张弛，形成若干应力集中区，使围岩强度急剧衰减。因此，隧道开挖过程中，常有初期围岩变形大，发展速度快，设防不及时等现象。

(3)物理化学效应

膨胀土中孔隙水和其中膨胀性物质的物理化学反应也是膨胀土膨胀的主要原因，现场表现为吸水而膨胀，失水而收缩，使土体结构破坏，强度完全丧失，导致围岩压力增大。

以上各种因素在膨胀土变形破坏过程中并不是独立存在的，而是互为因果的，共同形成膨胀土变形不断发展的过程。

7103　膨胀岩土隧道施工的一般原则是什么？

(1)膨胀岩土隧道施工防排水应采用"以防为主，防、截、堵、排相结合"的原则。

(2)应采取措施预防因分部开挖而引起围岩压力及偏压力增大。

(3)初期支护应紧跟开挖尽快对围岩施加约束。

(4)仰拱应尽早完成。

(5)二次衬砌拱、墙应一次施工。衬砌应与围岩密贴。当衬砌混凝土强度达到设计要求时，方可拆模。

7104　膨胀土隧道施工中常发生的问题有哪些？

由于膨胀土围岩的特殊工程地质性质及其围岩压力特性，使膨胀土的隧道围岩具有普遍开裂、内挤、坍塌和膨胀等变形现象。膨胀土隧道围岩变形常具有速度快、破坏性大、延续时间长和整治较困难等特点。施工中常见的几种情况，简述如下：

(1)围岩裂缝：隧道开挖后，由于开挖面上土体原始应力释放产生胀裂；另外，因为表层土体风干而脱水，产生收缩裂缝。同时，两种因素都可以使土中原生隐裂隙张开扩大。沿围岩周边产生裂缝，尤其在拱部围岩容易产生张拉裂缝与上述裂缝贯通，形成局部变形区。

（2）坑道下沉：由于坑道下部膨胀土体的承载力较低，加之上部围岩压力过大，而产生坑道下沉变形。坑道的下沉，往往造成支撑变形、失效，进而引起土体坍塌等现象。

（3）围岩膨胀突出和坍塌：膨胀土开挖过程中或开挖后，围岩产生膨胀土变形，周边土体向洞内膨胀突出，开挖断面缩小。在土体丧失支撑或支撑力不够的状态下，由于围岩压力和膨胀压力的综合作用，使土体产生局部破坏，由裂缝发展到出现溜塌，然后逐渐牵引周围土体连续破坏，形成坍塌。

（4）底鼓：隧道底部开挖后，洞底围岩的上部压力解除，又无支护体约束的条件下，由于应力释放，洞底围岩产生卸荷膨胀；加之坑道积水，使洞底围岩产生浸水膨胀。因而造成洞底围岩鼓出变形。

（5）衬砌变形和破坏：在先拱后墙法施工中，拱部衬砌完成后至开挖马口的这段时间，由于围岩和膨胀压力，常常产生拱脚内移，同时发生不均匀下沉，拱脚支撑受力大，扭曲、变形或折断。拱顶受挤压下沉，也有向上凸起。拱顶外缘经常出现纵向贯通拉裂缝，而拱顶内缘出现挤裂、脱皮、掉块现象。在拱腰部位出现纵向裂缝，这些裂缝有时可发展到张开、错台。当采用直墙时，边墙常受膨胀侧压而开裂，甚至张开、错台，少数曲墙也有出现水平裂缝的情况。当底部未做仰拱或仅做一般铺底时，有时会出现底部鼓起，铺底被破坏。

7105 膨胀土隧道施工应注意什么？

（1）膨胀土本身的遇水膨胀，失水收缩的特性对膨胀土隧道施工极为不利，特别在地下水发育、地表降水渗透的条件下，隧道土体极易失稳，具体表现在收敛急剧扩展、拱顶下沉加大，甚至坍塌等，所以对膨胀土隧道的监测预警显得尤为重要。主要监测项目包括：洞身周边位移、拱顶下沉、围岩应力及位移、浅埋段地表位移等。

(2)膨胀土洞身开挖应预留 3～4 m 以上的核心土，避免因为膨胀土开挖面应力释放导致掌子面向外崩塌，引起事故。

(3)膨胀土隧道施工工序应尽可能紧凑、有序，洞身开挖后应尽快喷射混凝土，避免膨胀土长时间暴露。

(4)仰拱施工是隧道形成环向受力的关键工序，应尽可能缩短开挖面与仰拱施工之间的间距，尽快使隧道形成环向受力，仰拱开挖宜采用半幅开挖，避免全幅开挖洞顶大幅下沉、周边位移急剧收敛而引起坍塌。

(5)膨胀土隧道地表，特别在浅埋段如出现地裂、地沟等地质现象，在地表降水的影响下极易对隧道造成破坏，应特别引起重视，主要处理措施有：①回填地裂、地沟，防止地表水流下渗；②加强隧道地表排水处理，将地表水引至隧道影响范围外。

(6)由于膨胀土隧道围岩本身水稳性差，强度较低，锚杆对围岩与衬砌共同受力起着至关重要的作用，必须及时进行锚杆施工，避免由于围岩大范围的应力释放导致较大的围岩变形。

第二节　黄土隧道

7201　黄土隧道的施工应遵循的原则是什么？

(1)按新奥法原理组织施工的原则。

(2)依靠信息反馈，实行动态设计，信息化施工的原则。

(3)突出超前地质预报并纳入施工工序的原则。

(4)坚持"先预报、管超前、严注浆、少扰动、短进尺、强支护、早喷锚、紧封闭、快成环、勤量测"的原则。

(5)严格控制隧道内的施工用水，并做好施工用水的排放管理的原则。

(6)加大设备投入,组织机械化、专业化施工的原则。

(7)施工机械与施工方法配套,优化资源配置的原则。

7202 黄土隧道的主要施工工艺流程如何安排?

施工准备→边仰坡施工→暗洞开挖→初期支护→仰拱施工(开挖约30～40 m后进行)→防水板挂设→二衬混凝土施工(仰拱施工约30～40 m后进行)→混凝土养护→检验验收

7203 黄土隧道施工防排水应考虑哪些方面?

(1)按设计做好洞顶、洞门及洞口的防排水系统,排水沟应进行铺砌,防止地表水下渗。

(2)应在雨季前做好隧道洞门。

(3)地层含水率大时,应及时排水,拱脚严禁被水浸泡。

7204 黄土隧道开挖原则是什么?

(1)施工中严格遵循"管超前、短进尺、强支护、早封闭、勤量测"的施工原则。

(2)根据隧道开挖断面大小选择合理的开挖方法。墙脚、拱脚处必须严格控制超欠挖。

(3)基底承载力不足时,应按设计采取措施加固隧道基底。

(4)施工中应加强量测和观察,发现不安全因素时,应暂停开挖加强临时支护,调整施工方案。

7205 黄土隧道可采用的开挖方法有哪些?

(1)弧形导坑核心土法。

(2)七步开挖短台阶法。

(3)双层支护短台阶法。

(4)CD法。

(5)CRD法。

(6)单侧壁导坑法。

(7)双侧壁导坑法。

7206　为预防在黄土中开挖隧道的大变形和坍塌问题常采用什么样的施工方法?

为了预防在黄土中开挖隧道的大变形和坍塌问题,采用台阶分部开挖法(又称环形开挖留核心土法),结合喷射混凝土及时封闭开挖面,用超前管棚支护、钢拱支撑、挂网、打锚杆等来加强土体强度及限制围岩应力重新分布,实施短开挖,快循环来减少对土体的扰动,是目前黄土隧道施工的较完整的方法。

7207　什么是短台阶七步流水法?

洞身开挖采用短台阶七步开挖法施工,是指隧道整个断面开挖分七个开挖面,以前后七个不同的位置相互错开同时开挖,然后分部同时支护,形成支护整体,尽量缩短作业循环时间,逐步向纵深推进的作业方法。

短台阶七步开挖法开挖步序如图7-1所示。

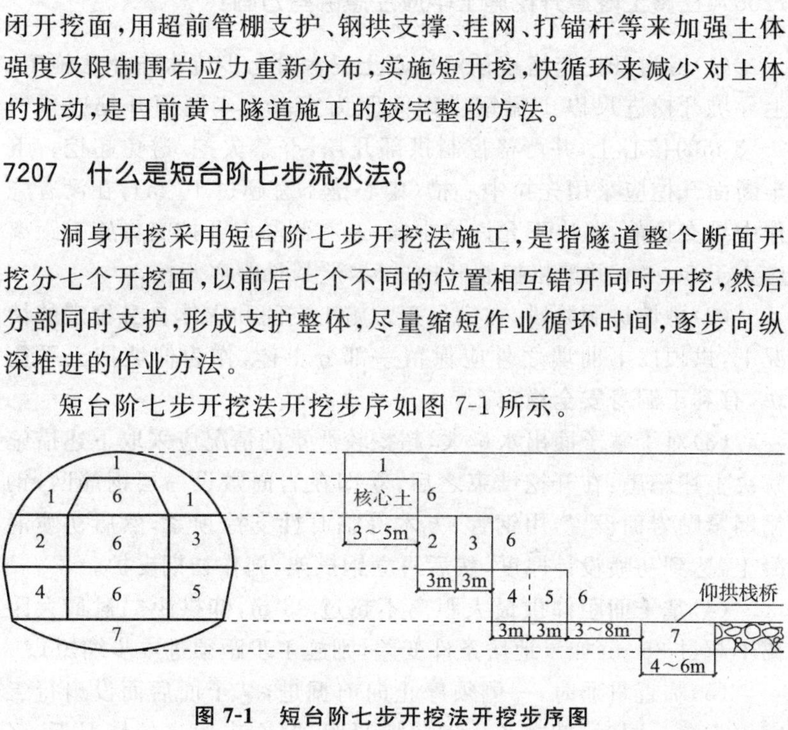

图7-1　短台阶七步开挖法开挖步序图

第1步:拱部进行超前支护后,采取上弧导坑预留核心土短台阶开挖。开挖后及时进行喷、锚、网系统支护,架设工字钢架,并复喷至设计厚度,形成较稳定的承载拱。

第2、3步:在承载拱的支护下,分别开挖中台阶左右边墙,以一定的时间差进行中台阶边墙初期支护,使同一断面处暴露开挖面仅限于一侧。

第 4、5 步:在完成上、中台阶支护后,分段左右开挖下台阶马口,以一定的时间差施作下台阶初期支护。

第 6 步:开挖中部上、中、下台阶预留土。

第 7 步:下台阶开挖落底,并及时施作仰拱初期支护及仰拱混凝土,及时封闭成环。

7208 在黄土隧道开挖施工中应注意哪些方面?

(1)隧道开挖严格按预留核心土三台阶七步流水作业法施工,上导坑开挖进尺以 1 榀钢拱架间距为宜。上半断面开挖应预留 2～3 m的核心土,并严格控制拱部开挖,严禁欠挖,避免超挖。下半断面开挖应采用先拉中心槽(中心槽不宜超过 10 m),在没有施作中导支护前,坚决不允许拉中槽;左右侧马口开挖交错施工距离应大于 5.0 m,并严格控制开挖进尺,严禁长距离开挖。

(2)刷坡进洞阶段,在满足正常施工空间和土体自身稳定的情况下,拱顶以下曲墙之外应保留一部分土体,作为仰坡挡土平衡块,有利于洞身安全稳定。

(3)对于掌子面出水量大,超挖较严重的情况应采取下述措施解决上述隐患:在开挖结束之后,立即在岩面敷设一层钢筋网,钢筋网紧贴岩面设置,用钢管、方木等临时性支撑顶紧,然后初喷混凝土,达到初喷设计厚度,然后再立钢拱架,施作初期支护。

(4)掌子面距仰拱最大距离不超过 35 m,仰拱距二衬最大距离不超过 35 m(如果地质条件变差,则施工步距须进一步缩短)。

(5)临近贯通时,一侧须停止向前掘进,掌子面后面设扇行工字钢支撑。同时,仰拱及衬砌要抓紧跟进(在未跟进的情况下,坚决不允许贯通)。贯通前最后一个循环要达到 1.5 m 左右,不致贯通时土体过薄,出现坍塌,造成安全事故。在剩余 3 m 左右时,在拱部开挖通气孔,缓慢释放能量,转移受力。

7209 黄土隧道初期支护施工应符合哪些规定?

(1)施工中应注意观察垂直节理,必要时应采取措施,防止塌方事故发生。

(2)开挖后应立即对隧道周边及掌子面进行喷射混凝土封闭，并及时施工其他初期支护。

(3)锚杆施工应采用干钻成孔，并采用早强材料锚固。

(4)钢支撑锁脚锚杆(锚管)施工应满足设计要求。

(5)不得在喷射混凝土前用水冲洗开挖面。

7210　为保证黄土隧道初期支护施工质量，应注意哪些问题？

(1)严格控制管棚角度。

(2)严格喷射混凝土工艺，按配合比拌制混凝土料，特别要严格控制外加剂掺量。新旧混凝土面要清洗至露出混凝土的本色，没有泥土或杂物。分层喷射，以保证喷射混凝土的质量。

(3)保证立拱质量。注意螺栓松紧程度和连接筋的焊接质量。

(4)确保钢筋网与围岩紧密相贴，钢筋网必须连接牢固，否则喷射混凝土时会振动钢筋网，从而降低喷射混凝土质量。

(5)保证核心土的大小和长度。

(6)清除拱脚积水与淤泥，通过打拱脚锚杆或扩大拱脚认真加固拱脚，加强纵向联结等，使初期支护与围岩形成完整体系。

(7)尽量单侧落底或双侧交错落底，避免上半断面两侧拱脚同时悬空；控制落底长度，视围岩情况采用1～3 m，不大于6 m。

(8)减少上、下台阶施工的相互干扰，并及时封闭成环。

(9)找出每道工序的合理施工时间，各工序严格按标定时间进行控制，从而缩短循环作业时间，减少开挖面土体的暴露时间。

(10)及时监控量测围岩，观察拱顶，拱脚的收剑情况，据此调整初期支护参数。

7211　黄土隧道采用超前管棚支护时应注意什么？

(1)超前大管棚作业前，应先标出开挖线，并对管位按设计要求进行布眼。超前大管棚的连接，优先考虑丝扣连接，也可以采用套管焊接，不允许对焊后直接使用。

(2)为确保管棚的外插倾角能满足规范要求,第二循环管棚需预留工作室。具体为:距第二循环管棚末端 4 m 处,开始将钢拱架按 0～30 cm 线形逐渐抬高,这样给第二循环管棚作业创造一个 4 m 长、0.3 m 高的三角形空间,便于钻机作业。在两环接头处设计高度上增设一榀钢拱架与管棚尾端焊接,前后两循环管棚搭接应满足设计要求,ϕ89 的管棚搭接长度不小于 1.5 m,预留工作室先以喷射混凝土喷成弧形面,其余部分待二衬时用衬砌混凝土补平。

7212 黄土隧道采用超前小导管支护时应注意什么?

(1)在前一环钢拱架的中隔板上环向布置注浆眼。

(2)按布置的注浆眼位置焊穿隔板钻眼(外插角可根据拱架间距调整),完成后将导管顶人岩层。

(3)孔口止浆封堵:导管打人后用塑胶泥封堵孔口导管与孔壁间隙,并在导管附近及工作面喷混凝土,以防工作面上岩土坍塌,同时作为注浆止浆岩墙。

(4)压注浆液:注浆压力控制在 0.5～1.0 MPa,注浆达到设计注浆量和注浆压力时要结束注浆,切不可盲目加压。注浆过程中要随时观察注浆压力,分析注浆情况,防止堵塞、跑浆,做好注浆记录,以便分析注浆效果。

7213 黄土隧道初期支护中钢架架立质量控制点有哪些?

(1)钢拱架架立应控制好 6 个方面的问题:a. 钢拱架的标高;b. 钢拱架的横向尺寸;c,钢拱架的垂直度;d. 钢拱架的连接螺栓;e. 钢拱架各单元连接处松散物及虚渣的处理;f. 钢拱架的间距。各洞口安装钢拱架必须做到标高、宽度尺寸标准,上中下钢拱架连接弧度圆顺,架立后技术干部要反复核对,确保各项数据符合设计要求。

(2)钢拱架应与围岩紧密相贴,如不能紧贴时,应按规范要求,用高标号混凝土预制块填塞顶实,其点数单侧不得小于 8 个接触点，以确保其整体受力。掌子面附近的钢拱架外露（钢拱架处的喷射不能喷满，可留 5 cm 厚左右，以便随时检查钢拱架、锚杆的作业质量及数量）数米，最大不超过 2 m；钢架之间的纵向连接筋应设于拱架内缘；连接筋环向间距及长度，严格按设计要求施工，便于与下一榀钢架连接，同时要求钢拱架的纵向安装间距误差不超过 ±4 cm。

7214　黄土隧道初期支护中锚杆施做质量如何控制。

(1)锁脚锚杆

锁脚锚杆在黄土隧道的施工非常关键，必须按设计长度、数量随钢拱架的作业及时跟进。锁脚锚杆要在端头加工成 L 形弯钩焊接在钢拱架上，确实起到锁脚作用，防止钢拱架下沉过大。

(2)系统锚杆

1)为了确保系统锚杆沿法线方向布设，系统锚杆的工作台可放在上导坑核心土的后面，系统锚杆作业必须是喷射混凝土厚度达到 10～12 cm 后进行，且一定要使用垫板，垫板焊接在钢拱架的腹部，以便加强钢拱架的稳定性，提高其刚度；系统锚杆的设置及喷射混凝土达到设计厚度的断面与掌子面的最大距离不超过 6 m。

2)系统锚杆可以在数量不变的情况下，增大环向间距；减小纵向间距；锚杆必须与钢拱架焊接，系统锚杆的注浆必须按照设计要求达到注浆压力。

7215　黄土隧道初期支护中喷射混凝土质量应控制哪些方面？

(1)喷混凝土前试验员一定要做好配合比，同时现场抓好混凝土施工操作。

(2)喷射混凝土时，速凝剂的添加要均匀，喷射混凝土一定要分层喷射，喷射混凝土的平整度要求不超过规范要求。

(3)喷射混凝土应采用硬质洁净的中砂或粗砂，细度模数宜大于 2.5。速凝剂使用前应做速凝效果试验，要求初凝不超过5 min，终凝不超过 10 min。喷射混凝土中的骨料应不小于 40%。

(4)喷射混凝土必须表面平整、圆顺;不合格处打凿后补喷平整,尤其是上、中导和中、下导接茬部位。严格按 2 m 靠尺进行量测,确保平整度达到要求,拱部喷射混凝土必须回填密实,不得有空洞。

7216 黄土隧道仰拱施工质量的控制措施有哪些?

隧底开挖完成以后,应立即喷射混凝土进行封闭,且在最短时间内完成隧底初期支护,并完成仰拱混凝土施工。对于富水地段,仰拱基础应在浇筑段外设置集水井,及时进行排水,严禁地基被水浸泡,同时立即喷射 8~10 cm 厚 C25 混凝土,对基底进行封闭,如仰拱混凝土为钢筋混凝土时,喷射厚度应控制在 8 cm 以内,以保证仰拱上部钢筋保护层在 2~3 cm。

7217 黄土隧道二次衬砌施工的质量控制包括哪些方面?

(1)仰拱施工应超前拱墙衬砌,并尽量紧跟开挖工作面,Ⅳ、Ⅴ级软弱不稳定围岩施工时,仰拱距开挖面不宜超过 40 m,同时为解决和运输作业的干扰,应采用仰拱栈桥进行仰拱和底板施工。仰拱及填充应分开浇筑,且全幅灌注,仰拱和底板混凝土强度达到 5 MPa 后行人方可通行,达到设计强度的 100%后车辆方可通行。

(2)二次衬砌施工前,要对全隧所有附属洞室的位置、尺寸及所有运营管理设施预埋件进行全面清理统计,提前做好物资准备,在二衬施工时做好预埋和预留,确保无一遗漏。

(3)拱墙二次衬砌施工应在围岩和初支变形基本稳定期间进行。液压台车每循环就位时必须保证其中线、标高、轮廓尺寸、模板加固强度及刚度、止水材料、预埋件安装等符合设计规范要求。其测量数据必须经测量工程师或专业工程师换手复核,确保无误后方可报请监理检查。

(4)衬砌混凝土浇筑时适当放慢速度,两侧边墙对称分层浇筑，浇筑到墙、拱交接处停 0.5～1.0 h，待边墙混凝土下沉稳定后，继续浇筑拱圈混凝土。

(5)为确保衬砌对围岩的支护效果，衬砌超挖回填应符合规范要求；墙脚以上 1 m 范围内和拱部的超挖应采用同级混凝土一次浇筑，严禁用水泥砂浆砌片石回填。

(6)二次衬砌混凝土应连续浇筑，振捣密实，防止收缩开裂，振捣时不应破坏防水层。二次衬砌混凝土厚度应满足设计要求，结构表面应密实平整、光滑圆顺、颜色均匀，接缝处无明显错台，且没有露筋、蜂窝、孔洞、酥松、麻面和缺棱掉角等缺陷。

(7)要建立完善的管理体系，采取一切质量、技术措施克服混凝土施工质量通病，确保衬砌混凝土的内在质量和外观美观度。

(8)衬砌完成的地段，应继续观察和监测隧道的稳定状态，注意衬砌的变形、开裂、侵入净空等现象，并作出稳定性评价。

第三节　岩　溶

7301　什么是岩溶？

岩溶是地表水和地下水对可溶性岩层经过化学作用和机械破坏作用而形成的各种地表与地下溶蚀现象的总称。通常情况下，岩溶发育的条件有三个，一是岩石有可溶性与岩石裂隙，可溶性岩石主要包括石灰岩、白云岩、石膏、岩盐等；其次是水的侵蚀作用；最后是水的流通条件。另外，隧道所处地形，当地降水量的大小及覆盖隧道表面土体的性质也是造成岩溶发育的重要因素。

7302　岩溶有什么危害？

岩溶对隧道的危害主要分为四种类型：

(1)洞穴的存在使建筑物全部或部分悬空，将极大地降低隧道的使用可靠度。

(2)岩溶水特别是当 CO_3^{2-} 等可溶性物质含量增高时，水的流通将给隧道结构带来极大的侵蚀作用，影响隧道的使用寿命。

(3)洞穴堆积物因松软易坍塌下沉，改变洞穴周边的应力分布形态，影响隧道的稳定。

(4)隧道中地下水流失，使隧道顶部地面岩溶塌陷，导致环境地质被破坏，也是造成隧道结构不稳定的原因。

7303　常见的岩溶类型有哪些？

常见的岩溶类型如图 7-2 所示。

- 岩溶分类
  - 按形态及规模大小分类
    - 洞穴型岩溶
    - 裂隙型岩溶
    - 管道型岩溶
    - 大型溶洞
  - 按充填性特征分类
    - 充填型岩溶
    - 半充填型岩溶
    - 无充填型岩溶
  - 按充填物性质分类
    - 充填黏土型岩溶
    - 充填淤泥型岩溶
    - 充填粉细砂型岩溶
    - 充填块石土型岩溶
    - 充填泥砾石型岩溶
    - 充水型岩溶
  - 按岩溶涌水量分类
    - 特大涌水型岩溶
    - 大量涌水型岩溶
    - 中等涌水型岩溶
    - 少量涌水型岩溶
    - 微量涌水型岩溶
  - 按涌水量动态变化特征分类
    - 水文型岩溶
    - 稳定型岩溶
    - 突发型岩溶

图 7-2　常见岩溶类型

7304　岩溶地区隧道开挖应符合什么规定？

（1）应采取综合超前地质预报措施查明施工面前方溶洞和水的情况。

（2）岩溶段爆破开挖时，严格控制单段起爆药量和总装药量，控制爆破振动。

（3）溶洞内不得任意抛填开挖弃渣。

（4）应准备足够数量的排水设备。

7305　常见的岩溶探测方法有哪些？

常见的岩溶探测的主要方法有：

（1）电阻率（电剖面和电测探）法。

（2）高密度电法。

（3）大地电磁测深方法。

（4）地质雷达。

（5）地震反射波法。

以上几种方法就是在超前地质预测预报中所用到的方法，其中后三种方法在现在的地质勘测中被广泛应用。

7306　隧道施工遇到溶洞时，其处理原则是什么？

（1）岩溶地区隧道施工前，应依据设计文件结合现场情况核查溶洞的分布范围、类型、规模、充填物和地下水流情况等，选择“疏导、堵填、注浆加固、跨越、绕避、宣泄”等措施进行处理。

（2）溶洞规模大，内部充填有大量泥砂，且含有丰富的地下水时，应预留安全止水岩墙。

（3）采用回填方法处理溶洞时，不得阻断过水通道。

7307　岩溶及岩溶水治理有哪些方法？

根据岩溶分类，针对不同类型岩溶，制定基本处治对策。

(1)洞穴型、管道型岩溶:回填方案。

(2)充填型岩溶:注浆加固+大管棚方案。

(3)过水型岩溶:引排方案。

(4)大型干溶洞(主要针对基底处理):托梁+板跨方案、型钢混凝土+板跨方案、钢管群桩方案、桩基+承台方案、路基填筑方案、梁跨方案。

(5)岩溶水治理:注浆堵水方案、泄水洞方案、堆积体加固堵水方案、绕避方案。

7308 小型溶洞常见的处理方法有哪些?

对溶洞规模较小、岩壁较为稳定、不发育、无水的溶洞,可采用浆砌(干砌)片石封闭、回填、护拱防护、加强衬砌、抛石吹砂注浆、隧道底板设梁通过等方案。对于无水和地下水小、充填较密实的小型溶洞,可采用小导管注单液水泥浆加固地层;对于有流水、充填情况不密实的小型溶洞,可采用小导管注水泥水玻璃双液浆加固地层。对于隧道底部已填充的小型溶洞,可用加设底板梁加强衬砌的方式通过,将隧道底板或仰拱设计为平板式,底板及边墙下部加布钢筋,灌注钢筋混凝土,使边墙和仰拱(或底板)共同形成钢筋混凝土梁,增强和改善受力性能。

7309 大型溶洞常见的处理方法有哪些?

(1)采用支撑结构通过溶洞方案

1)支承墙加固,若溶洞内填充物松散、厚度较小,清除填充物,用浆砌片石墙支顶加固溶洞顶板。水流通过该处设置涵洞,以利排水。

2)拱桥支顶加固,若溶洞内填充物松散、厚度较大,可选用钢筋混凝土拱支顶加固。

3)挖孔桩支顶加固,对于深度较大的溶洞,可采用桩基础加固,通过人工挖孔,实现成桩,桩底面嵌入基岩内,桩顶钢筋伸入钢筋混凝土底板内,与底板联成一体,形成稳定的受力体。

4)支承柱嵌补加固,根据溶洞形态不同,采用支承柱,嵌补加固溶洞顶板,回填空隙并注浆加固溶洞基底。

(2)采用跨越式通过溶洞方案

如果溶洞较大,采用封堵、加固、支承等方式处理时,费用较高;溶洞较小时又不宜回填堵塞,工作面小,不易操作;若溶洞填充松软时不易建造基础,可采用布设结构物直接跨越通过溶洞的办法处理。

1)边墙梁及行车梁跨越。其施工方法采用先拱后墙法,使边墙梁在拱圈保护下安全施工,道床行车部位采用钢筋混凝土预应力梁。

2)支墩、悬臂梁承托纵梁跨越,采用钢筋混凝土板梁做底板,承托边墙,托梁分别支承于支墩和悬臂横梁上,悬臂横梁采用锚杆锚固于基岩内。

3)边墙拱跨越。将边墙拱脚设在边墙底部,拱顶定位在衬砌拱圈的拱脚下,通过配置钢筋加强衬砌形成边墙拱跨越溶洞。

(3)采用绕避方案

在施工中遇到一时难以处理的溶洞,为不使工程陷于停顿,采用迂回导坑绕避溶洞,然后再进行处理。当采用迂回导坑绕避溶洞时,为避免再次遇到溶洞,选择迂回导坑位置前,应探明该范围内溶洞的情况后再决策。

7310　岩溶注浆的工艺流程是什么?

(1)预钻孔。在确定要注浆的位置上用工程钻机钻孔至预定深度。

(2)制作花管:在 ϕ25PVC 塑料管上按间隔约 20～25 cm 的距离对开两个直径 5 mm 的小孔,上下两排孔的位置相互垂直;在小孔外面包上三层防水胶布。

(3)下花管:在已完成的钻孔中下入已制作好的花管,距孔口约 8～12 m 以上则接上未钻孔的 PVC 管。

(4)封孔。在下好 PVC 管的钻孔中距孔口 5～6 m 位置用水泥砂浆进行封孔。

(5)管线连接。在封孔达到 3～5 d 龄期后,将注浆压力管与花管进行连接。

(6)制浆。按设计规定的水灰比制备水泥浆液。

(7)注浆。启动注浆泵，压送清水，在此过程中压力逐步提高，直到冲开封胶压力回落后，泵送水泥浆液，一直注浆到设计所规定的压力并稳定为止。在此过程中可视需要或设计规定进行间歇注浆，直至符合设计要求为止。

(8)做好注浆过程中各项记录。注浆时间、注浆压力、水泥用量、水灰比、注浆过程出现的特殊情况等。

(9)注浆达到设计要求后，清洗管路及花管，拆除注浆管，进行下一孔的注浆。

第四节 瓦 斯

7401 什么是瓦斯？瓦斯的主要成分和物理特征是什么？瓦斯是如何形成的？

瓦斯是隧道(或矿井)内有害气体的总称，其成分比较复杂，主要为甲烷(CH_4，俗称沼气)，占 80%～90%；另外还含有其他的烃类以及 CO_2 和 N_2O。有时还有少量的氢(H_2)、硫化氢(H_2S)、一氧化碳(CO)、氧(O_2)、乙烷(C_2H_6)、丙烷(C_3H_8)、丁烷(C_4H_{10})等气体。其熔点为－182.5℃，沸点为－164℃，在标准状态下，密度为 0.716 kg/m^3，相对于空气的比重为 0.554，其无色、无味、无毒，难溶于水，比空气轻，遇火即燃烧或爆炸。

瓦斯的形成主要是古代植物在成煤过程中，在厌氧菌的作用，分解产生的。同时，在以后煤的炭化过程中，随着煤的化学成分和结构的变化，也有瓦斯不断生成。在长期的地质年代里，大量瓦斯扩散到大气中，只有部分被保存在煤体或岩体中。

7402 瓦斯的特性有哪些？

(1)爆炸性

瓦斯本身是不会自燃和爆炸的，但当和空气(氧气)以一定比例混合均匀并达到一定浓度后，遇到火源，才会燃烧和发生爆炸。

(2)渗透性

瓦斯的渗透性极高，扩散速度快，其扩散性较空气高1.6倍，容易透过裂隙发达、结构松散的岩石或煤层，渗透到隧道（或矿井）开挖空间里。

(3)不稳定性

瓦斯在煤体和围岩中以游离状态和吸着状态存在。两种状态的瓦斯是处在不断变化的动平衡中，当温度、压力等外界条件变化时，平衡就被打破。压力升高温度降低时，部分瓦斯将由游离状态转化为吸着状态。反之，压力降温度升时，又会有部分瓦斯由吸着状态转化为游离状态。

(4)窒息性。

瓦斯是无毒、无色、无味的，但不适合呼吸。瓦斯浓度升高，空气中氧气浓度急剧下降，会引起人员窒息。煤矿许多瓦斯伤亡事故中，有很大部分是瓦斯窒息造成的。

7403　瓦斯爆炸的必要条件是什么？

瓦斯爆炸必须具备三个条件：一定的瓦斯浓度，一定温度的引火源和足够的氧气。

(1)瓦斯浓度

瓦斯爆炸之所以产生，是瓦斯氧化反应剧烈发展的结果。如果生成的热量超过周围介质的吸热和散热的能力，即形成热量的积聚，促使氧化进一步发展结果就会酿成爆炸。一般情况下，瓦斯在空气中的浓度为5%～16%时，才可能发生爆炸。

(2)引火源

瓦斯爆炸的第二个必要条件是高温火源的存在。一般，瓦斯的引火温度为650℃～750℃。明火、煤炭自燃、电气火花、炽热的安全灯网罩、吸烟、甚至撞击或摩擦产生的火花等，都足以引燃瓦斯。

(3)足够的氧气

大量实验证明，当含瓦斯的混合气体中氧浓度降低时，瓦斯的爆炸界限随之缩小，当氧浓度低于12%时，瓦斯混合气体即失去爆炸性，即使遇到明火也不会发生爆炸。

7404 哪些因素会引起瓦斯爆炸浓度的变化。

在新鲜空气中，当甲烷浓度低于5%界限时，遇火不爆炸，但能在火焰外围形成燃烧层，此燃烧层呈浅兰色或淡青色；浓度高于16%界限时，在遇火源时不爆炸也不燃烧。一般情况下，瓦斯在空气中的浓度为5%～16%时，才可能发生爆炸。瓦斯的爆炸界限不是固定不变的。下列因素会改变瓦斯爆炸的浓度范围。

(1)当瓦斯中混入某些可燃性气体时，不仅增加爆炸性气体的总浓度，而且会使瓦斯爆炸的下限降低。

(2)当隧道(或矿井)空气中含有煤尘时，也会使瓦斯的爆炸下限降低，增加爆炸的危险性。

(3)瓦斯混合气体的初温越高，爆炸界限就越大。高温会使原来不具备爆炸条件的瓦斯发生爆炸。

7405 常见的瓦斯检测仪器有哪些?

瓦斯检测仪器种类繁多，按产地有国产和进口之分，国产仪器结构简单，性能稳定，操作方便，而且价格适中，按测量原理，瓦斯检测仪器分光干涉、热催化、热导、气敏、红外等类型，前三种用得较多，由于测量原理不同，各种仪器各有其优缺点，同时使用上述至少两种仪器，可以集仪器之所长，弥补其不足，检测结果可以相互参照，彼此验证。

7406 什么是瓦斯突出?

瓦斯突出是施工过程中，发生的一种瓦斯的突然剧烈运动并造成十分巨大的动力效应现象，其机理较为复杂，但破坏性极大，易引起瓦斯爆炸等突发性自然灾害。一般认为饱含瓦斯的煤层或地质构造，在构造力、地层静压力等的综合作用下积蓄了较大的弹性能量并处于平衡状态，当隧道(或矿井)施工影响造成该平衡状态下瓦斯压力体系的破坏时，巨大的弹性能量和游离瓦斯突然释放，在极短的时间内大量瓦斯混合物喷射到施工空间，造成人员窒息，引起瓦斯燃烧或爆炸。瓦斯突出与地质构造、瓦斯含量与地层压力等密切相关。

7407 瓦斯涌出形式有哪些?

(1)普通涌出。煤系地层或岩层中瓦斯缓慢、均匀、长时间地向坑道内释放，这是瓦斯涌出的基本形式。

(2)瓦斯喷出。含瓦斯煤系地层的地质破碎带、空洞或裂隙中积存有大量的高压瓦斯，当坑道开挖接近时，瓦斯突然以喷出形式大量释放。

(3)煤岩与瓦斯突出。存在于地层中具有一定压力的气体和固体混合物，冲破煤岩覆盖层后，大量的煤和岩石被抛出，并释放出大量的瓦斯。

7408 瓦斯的防治措施有哪些?

(1)加强通风

隧道在掘进过程中，预防瓦斯燃烧与爆炸的主要措施是加强通风以降低瓦斯浓度，使其在允许值之下。

高瓦斯隧道的通风装置应有两套独立的通风机和各自独立的电动机，所有掘进工作面的局部通风机都应装设三专(专用变压器、专用开关、专用线路)，一闭锁(风、电)设施，保证局部通风机可靠运转。瓦斯含量较低时，可考虑一套通风机，两台电动机，其中一台备用。凡备用电动机和配套通风机必须在 10 min 内启动。

使用局部通风机进行通风的掘进工作面，无论工作或交接班时，必须撤出人员，切断电源。在恢复通风前，必须检查瓦斯，局部通风机及其开关地点附近 10 m 以内风流中瓦斯浓度不超过

0.5%时,方可人工开动风机。

(2)防止喷出及突出

在掘进工作面的前方或两侧钻孔,探明是否有断层、裂缝和溶洞及其分布位置,瓦斯贮存情况以便采取相应措施。

1)排放瓦斯:瓦斯含量不大时,使其自然排放,亦可用风筒或管子将瓦斯引至回风流或距工作面 20 m 以外的坑道中,以保证工作面开挖放炮的安全。当瓦斯量大,喷出强度大,持续时间长时,则可插管排放;当开挖面瓦斯含量较大,而且裂缝多,分布广时,可暂停开挖,封闭坑道抽放瓦斯。在裂缝小,瓦斯含量小时,可用黏土、水泥浆或其他材料堵塞裂缝,防止瓦斯喷出。在开挖工作面前方接近煤层 2 m 左右,向煤层打若干 $\phi75\sim\phi300$ mm 的超前钻孔排放瓦斯,钻孔周围形成卸压带,使集中应力移向煤体深部,达到防止突出的目的。

2)水力冲孔。在进行开挖之前,使用高压水射流,在突出危险煤层中,冲出若干直径较大的孔洞,使瓦斯解析和排放,降低煤层瓦斯含量和瓦斯压力。

3)振动性放炮诱导突出。在工作面布置较多的炮眼并装较多的炸药,撤出人员后远距离起爆,利用爆破时强大的振动力一次揭开具有突出危险性的煤层。

4)深孔松动爆破。在开挖工作面向煤层深部的应力集中带内布置几个长炮眼进行爆破。其目的在于利用炸药的能量破坏煤体前方的应力集中带,在工作面前方造成较长的卸压带,从而预防突出的发生。

5)煤层注水。通过钻孔将压力水注入煤层,使煤体湿润以改变煤的物理机械性质,减小或消除突出的危险性。

7409 瓦斯隧道施工组织应采取哪些安全措施?

(1)成立负责通风、瓦斯检测、防治处理瓦斯爆炸和煤与瓦斯突出、救护等的专门机构。

(2)设置灭火器、消防水池、消防用砂等消防设施。

(3)对施工作业人员、管理人员进行安全培训。

(4)制订防治瓦斯的专项施工方案并严格遵照执行。

7410 瓦斯工区钻爆作业应符合哪些规定?

(1)工作面附近 20 m 以内风流中瓦斯浓度必须小于 1%。必须采用湿式钻孔。炮眼深度不应小于 0.6 m,炮眼最大抵抗线不得小于 0.3 m。装药前炮眼应清除干净。

(2)必须采用煤矿许用炸药和煤矿许用电雷管。高瓦斯工区必须采用安全等级不低于二级的煤矿许用炸药,有煤与瓦斯突出可能的地段必须采用安全等级不低于三级的煤矿许用炸药。严禁使用秒或半秒级电雷管。使用毫秒级电雷管时,最后一段的延期时间不得大于 130 ms。应采用连续装药方式,雷管安放在最后一节炸药中,严禁反向装药。

(3)爆破网络必须采用串联连接方式,不得并联或串并联。

(4)起爆电源必须使用防爆型起爆器,应安装在新鲜风流中,并与开挖面保持 200 m 左右距离。同一开挖面不得同时使用两台及以上起爆器起爆。

(5)炮眼封泥不严密或不足时,不得进行爆破。严禁用煤粉、块状材料或其他可燃性材料作炮泥。

(6)揭煤爆破 15 min 后,应由救护队员佩带防毒面具或自救器到开挖工作面,查看爆破效果、检测瓦斯浓度、巡查通风及电路,如有煤尘超标、电路破损、通风死角、瞎炮残炮等危险情况必须立即处理,在确认安全后方可通知送电、开启局部风机。通风 30 min 后由瓦斯检测人员检测工作面、回风道瓦斯浓度。当瓦斯浓度小于 1% 、二氧化碳浓度小于 1.5% 时,解除警戒,允许施工人员进入作业面。

7411 半煤半岩段与全煤层段的支护、衬砌施工应符合哪些规定?

(1)在掘进过程中应按设计采用超前支护或预注浆,防止坍塌或突出。

(2)爆破后及时喷锚支护封闭瓦斯。

(3)仰拱应及早施工,保证拱、墙仰拱衬砌形成闭合整体。

(4)煤层地层设防段的二次衬砌应预留注浆孔。衬砌完成后及时压浆,充填空隙,封闭瓦斯。

7412 瓦斯隧道施工通风应如何组织,有哪些具体规定?

(1)编制全隧道和各工区的施工通风设计文件,并考虑工区贯通后的风流调整和防爆要求。

(2)应建立瓦斯通风、监控、检测的组织机构,系统地测定瓦斯浓度、风量风速及气象等参数。

(3)高瓦斯工区的施工通风宜采用巷道式。瓦斯隧道各掘进工作面必须独立通风,严禁任何两个工作面之间串联通风。

(4)按瓦斯绝对涌出量计算的风量,应将洞内各处的瓦斯浓度稀释到 0.5%以下;巷道式通风的回风道内瓦斯浓度应小于 0.75%。

(5)防止瓦斯聚积的风速不宜小于 1 m/s。对瓦斯易聚积处应实施局部通风。

(6)施工期间应连续通风。因故障原因停风时,必须撤出人员、切断电源。恢复通风前,必须检测瓦斯浓度,符合规定后才可启动机器。

(7)瓦斯工区的通风机应设两路电源,电源的切换应在 15 min 内完成,保证风机正常运转;必须有一套同等性能备用通风机,并保持良好的使用状态。

(8)应采用抗静电、阻燃的风管。

7413 隧道内瓦斯浓度在不同地点的限制值是多少,超过限制值应采取什么样的处理措施?

隧道内瓦斯浓度限制值及超限处理措施见表 7-1。

表 7-1 隧道内瓦斯浓度限制值及超限处理措施

序号	地点	限制值	超限应采取措施
1	低瓦斯工区任意处	0.5%	超限处 20 m 范围内立即停工，查明原因，加强通风监测
2	局部瓦斯积聚（体积大于 0.5 m^3）	2.0%	附近 20 m 停工，撤人，断电，进行处理，加强通风
3	开挖工作面风流中	1.0%	停止电钻钻孔
4	煤层爆破后工作面风流	1.0%	继续通风不得进人
5	局部通风机及电器开关 20 m 范围内	0.5%	停机并不得启动
6	钻孔排放瓦斯时回流中	1.5%	撤人，停电，调整风量
7	竣工后洞内任何处	0.5%	查明渗漏点，向设计方反映，增加运营通风设备

7414 瓦斯隧道施工必须采取哪些防爆安全措施？

(1)高瓦斯工区和瓦斯突出工区供电应配置两套电源，工区内采用双电源线路，其电源线上不得分接隧道以外的任何负荷。

(2)高瓦斯工区和瓦斯突出工区必须采用安全防爆型机电设备，非瓦斯工区和低瓦斯工区的行走机械严禁驶入高瓦斯工区和瓦斯突出工区。

(3)严禁火源进洞。任何人员进入隧道前必须在洞口外进行登记并接受检查；进入高瓦斯工区和瓦斯突出工区的作业人员必须携带个人自救器。

(4)铲装石渣前必须将石渣浇湿，防止摩擦和碰击火花。

(5)通风用的风筒、风道、风门和风墙等设施，必须保持密闭，防止漏风和松动塌落，施工中应派专人维修和保养。禁止频繁开启风门，确保风流稳定。

7415 含煤地层钻爆作业在什么情况下严禁装药或放炮?

(1)放炮地点附近 20 m 以内风流中,瓦斯浓度达到或超过 1.0%时。

(2)在放炮地点 20 m 以内,有未清除的碎石、煤渣、装载设备及其他物体阻塞隧道断面三分之一以上时。

(3)隧道内通风风量不够,风向不稳或局部有循环风时。

(4)炮眼内有异状,温度骤高、骤低,煤岩松散或有显著瓦斯涌出时。

(5)炮眼内煤岩粉末未清除干净时。

(6)存在无炮泥、封泥不足或不严的炮眼。

第五节 岩 爆

7501 什么是岩爆?

岩爆,也称冲击地压,是指当岩体中的应变能产生大量的聚集,形成很大的初始应力,在这种高地应力地区洞室开挖时,由于洞室的应力重分布和应力集中,聚集在岩体中的应变能突然释放,在较短时间产生的突发的、猛烈的脆性破坏形式。常伴有巨大响声,多有岩片飞出,成透镜状,飞出的岩片或岩块体积膨胀,不能再嵌入原处,而且往往先从侧壁分离出,而后发展到顶板,分离面总是平行于揭露面。

7502 岩爆发生的机理主要有哪些理论?

比较具有代表性的有强度理论、刚度理论、能量理论、冲击倾向理论等。

(1)强度理论

岩体破坏的原因和规律,实际上是强度问题,即材料受载荷超过其强度极限时,必然要发生破坏。但是这仅是对材料破坏的一般规律的认识，它不能深入解释岩爆的真实机理。

（2）刚度理论

刚度理论是 Cook 等人由刚性试验机理论而得到的，该理论认为若试验机刚度小于试件后期变形刚度时，则发生突然的失稳破坏。

（3）能量理论

20 世纪 60 年代中期，Cook 等人总结南非金矿岩爆研究成果后提出能量理论。他们指出：随着采掘范围的不断扩大，岩爆是由于岩体—围岩系统在其力学平衡状态破坏时，系统释放的能量大于岩体本身破坏所消耗的能量而引起的。

（4）冲击倾向理论

冲击倾向性是指介质产生冲击破坏的固有能力或属性。用一个或一组岩石本身性质有关的指标衡量矿岩的岩爆倾向强弱，这类理论就是所谓的岩爆或冲击倾向理论。

7503 岩爆的地质综合分析与预测应考虑哪些因素？

（1）地应力条件

岩爆的发生与地应力积聚特征有着密切的关系。因此，地应力场分析对于岩爆预测非常重要，高地应力条件是发生岩爆的必要条件。然而对于高地应力区，是一个目前尚未统一规定和定义的问题。目前国内外学者对可能发生岩爆的高地应力界定差异很大，其中一类以地应力绝对大小划分，认为最大主应力达到 20～30 MPa 时即可认为岩体处于高地应力状态。

（2）地质构造

褶皱构造核部一般是应力集中带，因为研究区域应力场以水平应力场为主，巷道开挖后，垂直洞壁方向的初始地应力增高，使得水平应力与垂直应力的差距加大，巷道拱顶部位产生高应力集中，导致岩爆发生。对断层构造，因应力释放形成应力降低带，不容易发生岩爆；但是若巷道布置方向与一定距离范围内断层平行或近似平行，则在邻近构造带的洞壁易于发生岩爆。

(3)岩体结构

岩体的完整性是发生岩爆的一个重要影响因素,岩体完整性好,则岩体内存在高应力的概率越大,岩爆越容易发生。在结构岩体中发生岩爆的必要条件是岩体结构能够有利于能量的存储和释放,在地应力条件和岩性条件大致相同的情况下,如岩体结构(包括节理、裂隙和层面等软弱结构面的发育程度、产状及组合关系)具有一定的方向和特点,岩体将不发生缓慢的位移或破坏,从而使能量得以储存,易于发生中等及中等以上的岩爆。岩爆多发生在Ⅰ~Ⅱ类岩体巷道段,少部分发生在Ⅲ类围岩中,而Ⅳ类围岩多为断裂破碎带或裂隙发育地段,发生的可能性较小。但是一些裂隙发育的岩体也可能发生较大规模的岩爆。

(4)切向应力准则法及评价结果

此法同时考虑岩体应力状态和岩石的力学性质。将围岩中的切向应力 σ_θ 和岩石的抗压强度 σ_c 之比定义为 $T(=\sigma_\theta,\sigma_c)$。根据前人研究成果显示:

$T \leqslant 0.3$ 无岩爆倾向

$0.3 < T \leqslant 0.5$ 弱岩爆倾向

$0.5 < T \leqslant 0.7$ 中等岩爆倾向

$T > 0.7$ 强烈岩爆倾向

(5)岩石脆性系数法及评价结果

根据实验测得的岩石的单轴抗压强度和抗拉强度,再根据岩石脆性指标,即抗压强度与抗拉强度的比值 B 来衡量岩爆倾向性。脆性系数为 $B=\sigma_c/\sigma_t$。

$B < 10$ 无岩爆倾向

$10 \leqslant B < 14$ 弱岩爆倾向

$14 \leqslant B < 18$ 中等岩爆倾向

$B \geqslant 18$ 强烈岩爆倾向

(6)Turchaninov 方法(T 方法)

Turchaninov 根据科拉岛希宾地块的矿井建设经验,提出了岩爆活动性由洞室切向应力 $\sigma_{\theta max}$ 和轴向应力 σ_L 之和与岩石单轴抗

压强度 R_c 之比确定：

$(\sigma_{\theta\max}+\sigma_L)/R_c \leqslant 0.3$ 无岩爆

$0.3<(\sigma_{\theta\max}+\sigma_L)/R_c \leqslant 0.5$ 可能有岩爆

$0.5<(\sigma_{\theta\max}+\sigma_L)/R_c \leqslant 0.8$ 肯定有岩爆

$(\sigma_{\theta\max}+\sigma_L)/R_c>0.8$ 有严重岩爆

7504 岩爆灾害如何预防与控制?

(1)在施工中加强监测工作,通过对围岩和支护结构的现场观察、通过对拱顶下沉、两维收敛以及锚杆测力计、多点位移计读数的变化,可以定量化地预测滞后发生的深部冲击型岩爆,用于指导开挖和支护的施工,以确保安全。

(2)选用合理的开挖方式

在岩爆较严重的地段采用短进尺,弱爆破的开挖方法,每循环进尺控制在1.0～1.5 m,最大不宜超过2.0 m,这样有利于及时对开挖面进行支护,缩短开挖面的暴露时间,以减轻岩爆发生所带来的危害。开挖应尽可能的采用光面爆破,使岩石尽量平整,减少应力集中。爆破后应及时清除浮石,在岩爆多发区爆破后应进行待避。

(3)表面喷水

在岩爆可能发生的地段,爆破后立即向工作面新出露围岩表面进行喷水,以降低回采巷道表部岩体储存应变能的能力。

(4)采用光面爆破技术

岩爆洞段尽量采用钻爆法施工,短进尺掘进;减小药量,控制光面爆破效果,以减小围岩表层应力集中现象。轻微、中等岩爆段尽可能采用全断面一次开挖成型的施工方法,以减少对围岩的扰动。强烈以上的烈度岩爆地段,必要时也可采用分部开挖的方法,以降低岩爆的破坏程度,但在施工中应尽量减少爆破振动触发岩爆的可能性;采取超前钻孔应力解除、松动爆破或振动爆破等方法,使岩体应力降低,能量在开挖前释放。

(5)拱部及边墙按设计布置预防岩爆锚杆。

对岩爆强烈的开挖面，按设计施工超前锚杆锁定前方围岩。主要作用是防止洞室周边岩体壁裂、剥落、岩体塌落。施工钻孔还可解除岩石中部分应力。当掌子面发生岩爆时，向掘进前方打超前锚杆加固。锚杆长度一般采用两倍的爆破进尺长度，且采用膨胀锚杆，可以将岩爆对隧道掘进的干扰降低到最低程度。

(6)及时支护。

在高应力区和岩爆发生区，洞室开挖后应及时支护；除采用常规的锚杆、锚索、喷钢钎维混凝土、钢拱架及混凝土衬砌支护外，还应考虑采用柔性材料支护（如软式锚索、锚索采取低应力锁定、挂网等）以适应围岩的变形。

7505 发生岩爆时，应采取哪些措施？

(1)停机待避。

(2)每循环内对暴露的岩面找顶2～3次。

(3)采用受力及时的摩擦型锚杆、喷射50～80 mm厚的钢纤维混凝土进行支护。

(4)台车、装渣机械、运输车辆加装防护钢板。注意避免岩爆伤及人员、砸坏施工设备，必要时人机撤至安全地段。

(5)采取技术措施释放围岩内部应力。

第八章 隧道病害的预防与处理

第一节 隧道水害的预防与处理

8101 隧道发生水害的原因有哪些?

(1)隧道穿过含水的地层

1)砂类土和漂卵石类土含水地层。

2)节理、裂隙发育,含裂隙水的岩层。

3)石灰岩、白云岩等可溶性地层,当有充水的溶槽、溶洞或暗河等与隧道相连通时。

4)浅埋隧道地段,地表水可沿覆盖层的裂隙、孔洞渗透到隧道内。

(2)隧道衬砌防水及排水设施不完善

1)原建隧道衬砌防水、排水设施不全。

2)混凝土衬砌施工质量差,蜂窝、孔隙、裂缝多,自身防水能力差。

3)防水层(内贴式、外贴式或中间夹层)施工质量不良或材质耐久性差,经使用数年后失效。

4)混凝土的工作缝、伸缩缝、沉降缝等未做好防水处理。

5)既有排水设施,如衬砌背后的暗沟、盲沟,无衬砌的辅助坑道、排水孔、暗槽等,年久失修,造成阻塞。

8102 隧道水害防治的原则是什么?

(1)因势利导,给地下水以排走的出路,将水迅速地排到洞外。

(2)将流向隧道的水源截断,或尽可能使其水量减少。

(3)堵塞衬砌背后的渗流水,集中引导排出。

(4)水害整治的关键:分析病害成因,对症整治;合理选择防水材料;严格施工工艺。

8103 怎样观测隧道漏水量?

(1)对湿润、渗水及漏水量很小,不易量得的漏水处,可注意观测其渗漏的起止日期及其变化规律。

(2)漏水量观测一般可用容器直接量测,记录装漏容器的单位时间,以求得其漏水量(如 t/24 h、t/h、L/h 等)。对比较大的漏水点都应尽量观测,并根据各时期漏水量,掌握其最大值和平均值。

8104 隧道线形渗漏常采用的处理方法是什么?

线形渗漏包括环向线形渗漏、水平向线形渗漏、裂缝线形渗漏和孔洞型渗漏。

对于线形渗漏采取堵和排相结合的方法,即凿槽埋管封堵工艺,把渗漏水导引至隧道两侧边沟再排出洞外。按三层封堵法进行施工:

(1)用刚性防水材料封堵。

(2)为避免刚性防水材料因温差大收缩导致裂缝,进而重现渗漏水现象发生,用柔性防水材料(合成高分子密封材料)进行第二层次封堵。

(3)为减少柔性有机材料与空气接触老化,在柔性防水材料外再用防水砂浆进行保护和封闭。

8105 隧道面形渗漏常采用的处理方法是什么?

面形渗漏常表现为大面积湿润或水珠悬挂,一般采取表面涂抹水泥基渗透结晶型刚性防水材料办法处理,具体做法为:

(1)表面处理

把面渗区域及其外围 20 cm 处用凿子凿除 20～30 mm,该深度不包括衬砌外砂浆抹面厚度,凿除的表面要求有一定的粗糙度,以增加堵漏材料与旧混凝土的黏结力。

(2)涂抹

清洗衬砌表面,去除浮面水渍杂质,然后用镘刀涂抹水泥基渗透结晶型刚性防水材料,封堵材料和水的配比、搅拌方法、放置时间、注意事项等应严格按产品使用方法执行。

(3)刷浆

待封堵防水材料结硬,达到一定强度后,把修复区域表面湿润,用刷子刷涂水泥基渗透结晶型防水涂料,以提高防水性能。防水涂料与水的配比严格按产品使用方法执行。

(4)养护

一周时间内,不定时喷洒雾化水进行养护。

8106 隧道涌水地段施工应如何处理水害?

(1)处理涌水可用下列辅助施工办法:超前钻孔或辅助坑道排水;超前小导管预注浆;超前围岩预注浆堵水;井点降水及深井降水。

(2)采用辅助坑道排水时应符合的要求:

1)坑道应和正洞平行或接近平行。

2)坑道底标高应低于正洞底标高。

3)坑道应超前正洞 10～20 m,至少应超前 1～2 个循环进尺。

(3)采用超前钻孔排水时应符合的要求:

1)应使用轻型探水钻机或凿岩机钻孔。

2)钻孔孔位(孔底)应在水流上方。钻孔时孔口应有保护装置,以防人身及机械事故。

3)采取排水措施,保证钻孔排出的水迅速排出洞外。

4)超前钻孔的孔底应超前开挖面 1～2 个循环进尺。

(4)超前围岩预注浆堵水应符合的规定:

1)注浆段的长度应根据地质条件、涌水量、机具设备能力等因素确定,一般宜在 30～50 m 之间。

2)钻孔及注浆顺序应由外圈向内圈进行,同一圈钻孔应间隔施工。

3)浆液宜采用水泥浆液或水泥—水玻璃浆液。

(5)井点降水施工应符合的规定：

1)井点的布置应符合设计要求。当降水宽度小于6 m,深度小于5 m时,可采用单排井点。井点间距宜为1～1.5 m。

2)有地下水的黄土地段,当降水深为3～6 m时,可采用井点降水;当降水深度大于6 m时,可采用深井井点降水。

3)抽水作业开始后,宜连续不间断地进行抽水,并随时观测附近区域地表是否产生沉降,必要时应采取防护措施。

(6)深井井点降水施工应符合的要求：

1)在隧道两侧地表面布置井点,间距为25～35 m。井底应在隧底以下3～5 m。

2)做好深井抽水时地面的排水工作。

8107 怎样进行隧道突水突泥的预测与防治?

(1)突水突泥工程特征分析

水的作用:水是灾害发生的根源、压力高;隧道埋深大,处于高压状态;

不良地质:隧道穿越溶洞、断层破碎带或接触带等不良地质。

综合来看,“高压、富水、不良地质”三者不利组合是诱发突水突泥及坍方灾害的地质条件。

(2)识别与评估

设计单位根据地质勘察资料进行隧道风险等级划分,组织进行风险评估。风险等级根据地表岩溶汇水面积、地下暗河、地质构造、物探异常密集带、岩溶水动力垂直分带、断层规模性质6个方面进行划分。制定风险管理实施细则,并进行人员培训。

(3)超前地质预报

进行地质超前预报专项设计并纳入工序管理,严格执行“有疑必探、不探不进”的安全施工理念。不同等级的岩溶(断层)隧道应采取针对性的有效的预报方法。

(4)治理突水突泥的技术方案

若发生突水突泥现象，采用注浆技术：注浆是处理断层、富水裂隙的一项有效技术。通过注浆，达到堵水和加固地层的目的，从而保证隧道施工安全。

8108　隧道突水突泥采用注浆防治时的工艺流程是什么？

（1）分区定位：按对隧道外 3～5 m 基本注浆加固区进行注浆预设计。选取周边 4～6 个注浆孔进行钻探预注浆，遇水顶水，遇破碎加固。通过这 4～6 个孔确定隧道周围强水区与弱水区。

（2）基本注浆：完成探孔后，对基本注浆区进行钻孔注浆。基本注浆区一般设计两圈，外圈孔位于隧道外 3～5 m，内圈孔为 1～3 m。严格按照“先外圈后内圈，同圈间隔跳孔”的顺序进行注浆。

（3）区域强化：对锁定的强水区进行补注浆加固，注浆范围为 5～8 m。

（4）效果检查：高压富水地层既要达到堵水效果，又要起到加固作用，因此，应严格按制定的标准进行注浆效果检查，不达到标准必须进行补注浆。

（5）检查孔稳定分析：采取孔内成像，检查孔内浆液填充情况，评价检查孔的稳定性。

8109　隧道衬砌出现渗漏、开裂的原因是什么？

引起隧道衬砌出现渗漏、开裂的原因很多，常见的有：

（1）由于二次衬砌的时机选择不恰当，隧道围岩变形还没达到规定的施作时间，二次衬砌受力过大，引起开裂，出现渗漏现象；

（2）因地质原因，引起隧道衬砌结构下沉，导致隧道开裂，出现渗漏现象；

（3）当衬砌混凝土养护不到位，热胀冷缩导致混凝土出现收缩裂缝，地下水从裂缝中渗漏。排水管路堵死，导致衬砌背后水压过高，衬砌出现渗漏现象。

8110 如何预防隧道衬砌出现渗漏、开裂。

(1)根据设计确定衬砌结构类型，防止衬砌结构性破坏导致开裂、渗漏。做好隧道的防排水。保证隧道衬砌背后排水畅通，防水隔离层可防止渗水、漏水，改善二次衬砌的受力条件，减少在二次衬砌中出现裂纹。地下水水量及流向等在隧道施工期间和运营期间可能有所变化，在施工期间无水或少水的地段并不能保证在运营期间无水或少水，防水板本身具有良好的防水性能，但在施工过程中，往往因浇筑二次衬砌而破坏，从而影响防水效果。因此，切不可因暂时无水而轻视防水层的施作，忽视施工质量。

(2)初期支护与二次衬砌背后务必回填密实，初期支护背后不得回填异物，超挖部分用同级混凝土回填。为防止二次衬砌受力过大、产生开裂的办法是加强监控量测，根据量测结果，调整施工支护参数，确定二次衬砌施工时间。

(3)按设计要求做好伸缩缝，伸缩缝一定要在竖向通直，不能出现错台、咬口等，伸缩缝处的止水带按要求设置。为减小二次衬砌施工缝，进行二次衬砌时，必须连续浇筑。不得已间歇时，应按设计要求设置止水带。

(4)对于地质条件较差，如隧道通过断层、破碎带等地段时，隧道衬砌采用钢筋混凝土结构，按设计参数加强。

(5)为避免由于基底下沉，造成二次衬砌开裂，二次衬砌施工前，必须将边墙基础清理干净后，方可立模浇筑。

(6)采用外加剂和掺和料，配置低水灰比的混凝土，使用粉煤灰的掺量技术也是防止衬砌开裂的有效措施。

(7)混凝土应在混凝土浇筑以后，在终凝后，立即进行洒水养护，保持混凝土表面湿润，养护期不少于 7 d。混凝土应在混凝土强度达到 8 MPa 以上拆模，且其表面及棱角不因拆模而受损时，方可拆除。

第二节　衬砌病害的预防与处理

8201　隧道开挖后或初期支护完成后仍存在渗漏水时应如何处理?

隧道开挖后或初期支护完成后仍存在渗漏水时,应根据地质情况及隧道允许排水量选择径向注浆、局部注浆、回填注浆等注浆防水方案。

(1)局部注浆应符合下列规定:

1)在出水点上游钻孔注浆截断水源,并在出水点周围布孔加固围岩,加固深度宜为隧道开挖轮廓线外 3～5 m。

2)注浆材料宜以水泥类浆液为主,水量较大时宜采用快凝、早强水泥。

3)注浆顺序为由水少处到水多处钻注,注浆终压宜为1～2 MPa。

(2)初期支护后出现大面积渗漏水,可进行径向注浆或初期支护背后回填注浆,并符合下列规定:

1)径向注浆孔深应符合设计要求,一般情况下不宜小于 3 m。

2)初期支护背后回填注浆孔深不应小于 0.5 m。

3)钻孔注浆顺序应由水少处向水多处进行。

4)注浆材料宜以水泥类浆液为主,可采用快凝早强水泥。

5)注浆终压宜为 0.5～1.0 MPa。

6)注浆结束后,宜采取钻孔取芯法对注浆效果进行检查,并测定钻孔出水量,检查孔的数量应不少于注浆孔总数的 5%且不少于 3 个。当检查孔出水量不大于 1.0 L/min 时,注浆效果满足要求,否则应进行补充注浆和重新检查。注浆钻孔及检查孔应封填密实。

8202　隧道衬砌裂损病害的常见表现形式有哪些?

(1)衬砌变形、开裂、渗漏水。

(2)端墙、侧墙、翼墙位移、开裂。

(3)路面拱起、沉陷、错台、开裂。

8203 隧道衬砌产生腐蚀病害的主要原因及预防措施?

(1)原因分析

1)隧道衬砌物理性腐蚀,常见的有冻融交替冻胀性裂损、干湿交替盐类结晶性胀裂损坏。

2)隧道衬砌化学性腐蚀,常见的有硫酸盐侵蚀、镁盐侵蚀、软水溶出性侵蚀和一般酸类腐蚀。

以上几种腐蚀有时是同时发生的。

(2)预防措施

1)坚持以排为主,排堵截并用,综合治水。

2)用各种耐腐蚀材料敷设在混凝土衬砌的表面,作为防蚀层。

3)在各种腐蚀病害较为严重的地段,除采取排水降低水压外,同时采用抗侵蚀材料作衬砌,使防水、防蚀设施与结构合为一体。

4)在隧道的伸缩缝、变形缝和施工缝都设置止水带。

8204 隧道衬砌裂缝病害的原因有哪些?

(1)施工时,受技术条件限制,方法不当,管理不善,造成工程质量不良。如:先拱后墙法施工时,拱架支撑变形下沉,造成拱部衬砌产生不均匀下沉,拱腰和拱顶发生施工早期裂缝。

1)对Ⅳ级以下的围岩,过去通常采用先拱后墙(上下导坑)施工方法,由于工序配合不当、衬砌成环不及时、落中槽挖马口时拱部衬砌悬空地段过长、拱架支撑变形下沉等原因,都容易造成拱部衬砌产生不均匀下沉,导致拱腰和拱顶衬砌发生施工早期裂缝。

2)拱顶与围岩不密贴,在“马鞍形”受力作用下,拱腰内移张裂,相应拱顶上移,内缘受挤压。

3)模筑混凝土衬砌拱背部位常出现拱顶衬砌与围岩不密贴的空隙,由于不及时压浆回填密实,就形成拱腰承受围岩较大荷载,而拱顶一定范围空载,这种常见的与设计拱部荷载不相符、对拱部衬砌不利的“马鞍形”受力状态，正是导致拱腰内移张裂、相应拱顶上移、内缘受挤压等常见病害产生的荷载条件。

(2)由于施工测量放线发生差错、欠挖、模板拱架支撑变形、坍方等原因，而在施工中又未能妥善处理，造成局部衬砌厚度偏薄。

(3)过早拆除模板支撑，使衬砌承受超容许的荷载，易发生裂损。

(4)施工质量管理不善，混凝土材料检验不力，施工配合比控制不严，水灰比过大，混凝土捣实质量不佳，拱部浇筑间歇施工形成水平状工作缝等，造成衬砌质量不良，降低承载能力。

8205　隧道衬砌裂缝如何预防?

(1)设计时应根据围岩级别、性状、结构等地质情况，正确选取衬砌形式及衬砌厚度，确保衬砌具有足够的承载能力。

(2)施工过程中发现围岩地质情况有变化，与原设计不符时，应及时变更设计，使衬砌符合实际需求；欠挖必须控制在容许范围内。

(3)钢筋保护层必须保证不小于 3 cm，钢筋使用前应作除锈、清污处理。

(4)混凝土强度必须符合设计要求，宜采用较大的骨灰比，降低水灰比，合理选用外加剂。

(5)确定分段浇筑长度及浇筑速度；混凝土拆模时，内外温差不得大于 20℃；加强养护，混凝土温度的变化速度不宜大于 5℃/h。

(6)衬砌背后如有可能形成水囊，应对围岩进行止水处理，根据设计施作防水隔离层。

(7)衬砌施工时应严格按要求正确设置沉降缝、伸缩缝。

8206　路面拱起、沉陷、错台、开裂如何处理?

(1)因围岩侧压力过大，导致两边侧墙内移而引起的路面拱起，应在路面下加设水平支撑。

(2)对于路面局部沉陷、错台、严重碎裂,应挖出破损的路面以及其下部的基层,重铺路面,并同时治理渗漏水,将水引入两侧边沟。

8207 隧道衬砌发生冻害的常见形式有哪些?

隧道衬砌发生冻害常见形式有:

(1)拱部挂冰、边墙结冰。

(2)围岩冻胀破坏,引起衬砌变形破坏。

(3)衬砌发生冰楔。

(4)隧道内网线挂冰。

8208 隧道衬砌发生冻害的防治措施是什么?

隧道冻害会导致衬砌冻胀开裂,甚至疏松剥落,造成隧道衬砌结构的失稳破坏,降低衬砌结构的安全可靠性,严重影响运输的安全和正常运行。冻害防治的基本措施有:

(1)综合治水。

(2)更换或改造土壤。

(3)保温防冻。

(4)加强结构,如加设仰拱衬砌,采用防水钢筋混凝土衬砌,锚喷混凝土加固,加抗冻胀锚杆等。

(5)通过加深边墙,加强底部排水等方法防止融坍。

8209 如何提高隧道衬砌的耐腐蚀性?

(1)提高衬砌的密实度和整体性以提高混凝土的耐久性,例如:混凝土添加粉煤灰等矿物掺和料,改善混凝土耐久性;使用引气型外加剂,增加混凝土抗冻性;使用耐侵蚀水泥;使用无潜在碱活性骨料;降低混凝土的水胶比。

(2)加强衬砌外排水措施。

(3)在衬砌表面做隔离防水层。

(4)向衬砌背后压注防蚀浆液等。

第三节　隧道超欠挖的预防与处理

8301　什么是隧道超欠挖？如何检测？

隧道开挖的超欠挖指开挖处至设计开挖轮廓线的垂直距离，及该点到设计圆心的距离与设计半径之差超过规定范围。超欠挖检测采用悬高法和支距法，这两种方法操作简单方便快捷，但测点的距离不能过大，局部要加密，激光断面仪测量精度高，但是受导坑开挖，掌子面难架设的影响，实际操作不易。

8302　开挖轮廓线的上下限如何考虑？

开挖轮廓线的下限半径为：设计半径＋预留量（立拱架前的突变和拱架安设后的变形）＋二次衬砌模板变形加大量。开挖轮廓线的上限半径为：开挖下限半径＋监控量测动态管理的预留沉降量。开挖轮廓预留变形量见表 8-1。

表 8-1　开挖轮廓预留变形量

围岩级别	预留变形量(mm)		围岩级别	预留变形量(mm)	
Ⅰ	两车道	—	Ⅳ	两车道	50～80
	三车道	—		三车道	80～120
Ⅱ	两车道	—	Ⅴ	两车道	80～120
	三车道	10～50		三车道	100～150
Ⅲ	两车道	20～50	Ⅵ	两车道	现场量测确定
	三车道	50～80		三车道	

注：1. 围岩破碎取大值，围岩完整取小值。

2. 有明显流变和膨胀性岩体，应根据量测信息反馈计算分析选定。

8303　隧道超欠挖的控制有哪些规定？

(1)应严格控制欠挖。拱部、边墙脚以上 1 m 内断面严禁欠挖。当岩层完整、岩石抗压强度大于 30 MPa 并确认不影响衬砌结构稳定和强度时，允许岩石个别突出部分（每平方米内不得大于0.1 m^2）欠挖，但其隆起量不能大于5 cm。

（2）应尽量减少超挖，对于硬岩（Ⅰ级围岩）拱部平均超挖值不大于100 mm，最大超挖值不大于200 mm，中硬岩、软岩（Ⅱ～Ⅳ级围岩）拱部平均超挖值不大于150 mm，最大超挖不能大于250 mm，破碎松散岩石及土质（Ⅳ～Ⅴ级围岩）拱部平均超挖值不大于100 mm，最大不超150 mm。边墙每侧超挖值不得大于100 mm、全宽超挖值不得大于200 mm，仰拱、隧底平均超挖值不能大于100 mm，最大超挖值不得大于250 mm。

（3）最大超挖值系指最大超挖处至设计开挖轮廓切线的垂直距离。平均超挖值是指超挖面积与爆破设计开挖断面周长（不包括隧底）的比值。

8304 隧道发生超欠挖的主要原因有哪些？

（1）测量放样错误或误差较大。因隧道内光线暗，照明条件较差，致使测量人员在放样时误差较大，甚至错误，造成隧道外轮廓线偏离，从而产生超欠挖。

（2）钻孔操作台架就位不准确，台架各层平台设置不合理，预留空间过大或过小，使得钻孔操作困难，周边炮眼外插角度难以控制，造成超欠挖严重。

（3）司钻工操作不熟练，钻孔人员眼位钻得不正确，周边眼距、钻杆外插角控制不好，钻孔眼底深浅不一，也不在同一平面上，导致超欠挖严重。

（4）装药量及装药结构不合理。施工人员不按设计的装药结构装药，错误地认为只要加大药量就可以提高炮眼利用率，就能得到较好的爆破效果，从而产生超挖。为使超挖得到控制又盲目地减少装药量，从而又导致了欠挖。

（5）爆破网路连接不规范。隧道爆破通常均采用分段起爆，为使隧道轮廓平整，采用光面爆破，周边炮眼应使用同段雷管，同时起爆。在实际工作中，由于施工人员的失误，检查不仔细，产生如下问题：

1)遗漏某孔引线。

2)网路簇联的接头处不紧密。

3)簇联结内忘记安放引爆雷管。

4)网路中有的引线打结、缠绕、折断。

5)一个结上簇联的引线过多。

6)各孔内安放雷管段位错误等，爆破未能按设计的次序起爆或拒爆，导致欠挖较大。

(6)其他原因。围岩节理发育，层面倾角小，爆后拱顶呈方形塌落，而未能形成弧形，也会产生超挖。

8305　如何预防隧道开挖中的超欠挖？

(1)提高中线、高程、轮廓线放样精度

增强隧道照明质量，采取激光指向仪控制隧道掘进方向。由于隧道内施工车辆很多、为了防止对导线点及中线点的破坏，将控制点按规定要求埋置的同时，设置明显标志及保护措施，并定期对控制点进行复核测量。

(2)提高钻孔技术水平

提高钻孔精度是防止超欠挖的最重要措施，为了使超欠挖值限制在最小范围内，必须加强对司钻人员的培训，使他们熟练掌握钻孔技术，做到按操作细则、设计要求和布置的孔位施钻，确保达到规定的孔位、孔深、倾斜度等。

(3)制定奖罚制度，分工明确，责任到人

实施标准化管理，对每个分项工程，都坚决落实质量责任制度，自上而下明确各级质量责任人，将每个分项工程分解成若干主要工序，明确各工序的具体责任人，明确各主要工序控制的重点，定人定岗，制定奖罚制度，确保每一工序的施工质量。

(4)加强风钻的维护和保养

安排专人负责维护风钻，每天检查一次。

(5)调整改进钻孔台架的不合理部分

对台架各层平台设置不合理的部分进行改进,平台间预留适当的空间,以方便作业。

(6)加强材料检验

严格控制原材料的进货渠道,从源头上控制原材料的质量,不合格者不得进场。

(7)配置合理的爆破参数

1)爆破设计要遵守:炮孔布置便于提高机械钻孔效率;提高炸药能量利用率,以降低炸药用量;减少对围岩的扰动,控制好开挖轮廓,提高钻爆效果;在保证安全前提下,尽可能提高掘进速度。

2)根据围岩类别、隧道现场施工的钻孔设备、爆破器材等各方面因素,按照设计及规范要求确定掏槽眼、辅助眼、周边眼的布置和数量,眼孔深度与角度,各眼孔的装药量及装药结构、起爆次序、网路连接等爆破参数,并在施工中合理调整。

3)光面爆破中周边孔线装药密度是决定光面爆破效果的关键,选择合适的周边孔装药密度和合理的周边眼间距和周边的最小抵抗线,使爆破后周边孔形成贯通的裂缝,以减少对孔壁岩体的破坏,同时减少超欠挖量。

4)准确布置周边孔,使其排列整齐,提高钻孔效率。

5)在每次爆破后,认真分析爆破结果,并结合围岩的变化情况,及时修正钻爆设计参数,将超欠挖控制在规定范围内。

(8)加强地质情报预测与记录工作

在施工中,派专人紧跟开挖面对围岩进行观测描述,并对围岩的节理裂隙状态进行预测 ,据此调整爆破参数和施工方法,通过动态施工来控制超欠挖。

8306 为预防超欠挖,钻爆设计应注意什么?

钻爆设计上应将平滑度作为衡量超欠挖的重要指标,为此采取以下措施:

(1)应合理选择周边眼的眼距及周边眼的最小抵抗距。当隧道断面小或围岩软弱破碎时,眼距应取较大的值。周边眼的抵抗线应大于周边眼间距，二者之比保持在1.2～1.3之间比较好，在围岩差时，抵抗线应取较大的值。

(2)应严格控制周边眼的药量，并采用合理的装药结构。可以使用小直径药包，低爆速炸药，采取空气间隔装药或方向性水压控制爆破方法(ABS)等装药结构。

(3)适当增加开挖断面底部两隅处辅助眼的药量，消除爆破死角，减少角隅处的欠挖。

8307 为预防超欠挖，钻爆作业工序应遵守哪些规定？

在钻爆作业中应严格按照钻爆设计进行钻眼、装药、连接和引爆工序操作。

(1)从严要求钻孔准确度。应达到：孔眼口间距误差不大于5 cm；周边眼外斜度不大于5 cm；眼底平面误差不大于10 cm，但掏槽眼应比其他眼深10 cm左右。

(2)装药前应将孔内的水、泥浆、石屑等杂物吹干净后，按设计的药量和装药结构装药，并堵塞良好。

(3)应按设计的爆破次序安放各段位的毫秒雷管，并检查无误。

(4)连接起爆网络并认真检查以下内容：

1)所有的引线是否均联入网络，没有遗漏；

2)簇联结点是否连接紧密，并安放引爆雷管；

3)网路中是否有打结、折断的引线；

4)网络连接多于10根簇联的可采用同段两个雷管以确保起爆；

5)簇联引线不得超过40根。

第四节 隧道塌方的预防与处理

8401 什么是隧道塌方？

隧道塌方是施工中较常发生的安全事故之一。所谓隧道塌方是指施工过程中由于应力作用洞顶与两侧的部分岩石和泥砂土大量塌落的现象。造成塌落主要是因为在开挖时，隧道周围的松软岩体由于土体压力的作用而产生了裂缝破坏。还有可能是因为围岩内部早已经有节理和层理松弛剥落的现象。隧道塌方事故随时可能发生在整个隧道施工的过程中，隧道开挖、施工支护甚至在隧道衬砌之后都有可能发生塌方。

8402　隧道塌方产生的原因有哪些？

(1)地质因素

1)公路隧道工程受多变的地质条件影响，如遇到地下水、岩溶、断层破碎带、高地应力、岩爆、瓦斯、偏压浅埋、膨胀土等条件，使施工难度大，安全性差。

2)公路隧道开挖跨度大，单洞三车道隧道开挖跨度达 16 m，形状扁平，且防水要求高，无疑加大公路隧道的施工难度和塌方事故产生。

3)水渗入围岩使软化系数大的岩石强度降低，结构面的抗剪强度减小，导致塌方。

4)洞室埋深浅，塌方处地表人工采土开挖范围较大，防护措施不到位。

(2)设计因素

1)公路隧道工程设计方法当前主要有工程类比法、理论计算法及现场监控法等，这些方法又以工程类比法运用得最为广泛。在设计过程中若对围岩判断不准或情况不明，从而设计的支护类型与实际要求不相适应，也是导致施工中产生松弛坍塌等异常现象的原因。

2)设计中的地质勘察周密详尽与否也是造成施工塌方事故产生的诱发甚至主导因素。

(3)施工因素

1)施工方法与地质条件不相适应；地质条件发生变化，没有及时改变施工方法；工序间距安排不当；施工支护不及时，支撑架立不合要求，或抽换不当“先拆后支”；地层暴露过久，引起围岩松动、风化、导致塌方。

2)喷锚支护不及时,喷射混凝土的质量、厚度不符合要求。

3)按新奥法施工的隧道,没有按规定进行量测,或信息反馈不及时,决策失误、措施不力。

4)围岩爆破用药量过多,因振动引起坍塌。

5)对危石检查不重视、不及时,处理危石措施不当,引起岩层坍塌。

(4)忽视地质预报

减弱甚至忽略了施工过程中的地质勘测及预报工作,对围岩变化情况预控不足,从而也加大施工塌方事故产生的可能性。

8403　隧道施工中出现哪些情况时应立即撤离施工人员和机械设备?

(1)围岩量测所反映的围岩变形速度急剧加快。

(2)围岩面不断掉块剥落。

(3)初期支护喷射混凝土表面龟裂、裂缝或脱皮掉块,钢架严重变形。

8404　隧道塌方常见的预防措施有哪些?

隧道施工预防塌方,选择安全合理的施工方法和措施至关重要,当掘进到地质不良围岩破碎地段,应采取"先排水、短开挖、弱爆破、强支护、早衬砌、勤量测"的施工方法。必须制订出切实可行的施工方案及安全措施。

(1)先排水

在施工前和施工中都要采取相应的防排水措施,施工时随工作面的向前推进应挖好排水沟。反坡掘进时,还应准备足够的抽水设备。坑壁或坑底有水流出时,应凿眼安置套管集中引排,使其不漫流。

(2)短开挖

控制每循环进尺,使各部开挖工序间的距离尽量缩短,以减少围岩暴露时间。

(3)弱爆破

破碎岩层尽量用风镐等人工开挖,必须爆破时,要用浅眼、密眼,并严格控制用药量。

(4)快、强支护

每步开挖后要及时进行初期支护并封闭成环,针对围岩变形情况,调整支护参数确保支护结构有足够的强度。

(5)快衬砌

衬砌工作须紧跟开挖工作面进行,力求衬砌尽快成环。

(6)勤检查、勤量测

由于隧道地质条件复杂,应高度重视监控量测和超前地质预报工作,对施工过程中可能出现的局部地段围岩破碎引起的失稳、塌方和可能遭遇的断层、涌砂、涌水都能及时预测,并对其位置、桩号、规模及发展趋势作出明确标识,提醒施工人员采取合理的开挖和支护方法,预防塌方的发生。同时,加强围岩变形观测。

此外,还应提高安全防范意识,认真做好技术培训工作,进一步提高管理人员、操作人员的技术水平和安全生产知识;储备塌方处理应急预案,并进行演练,确保实施方案快速、有效,并在原设想方案无法实施和效果不佳时及时采取第二方案;做好抢险过程中的安全防护工作,确保抢险人员和机具的安全。对开挖施工过程中出现塌方现象进行准确分析事故原因,并及时采取一系列有效措施,以便有效控制塌方。

8405 隧道塌方的一般处理程序和方法是什么?

(1)防止塌方扩大

塌方发生后,首先要采取有效的抢险措施,防止塌方范围继续扩大。在塌方范围内顶部与侧壁的危石及大裂缝处,要抢先进行清除或锚固。加强原有支护,对塌方范围前后原有的支护进行加固,以防止塌方扩大。在塌方范围内架设支撑或喷射混凝土,必要时加设锚杆。对塌方两端尽快作好局部衬砌,以保证塌方不扩大。

(2)处理塌方

如塌方体积较小,且塌方范围内已进行喷锚或已架设好较为牢固的构件支撑时,可由两端或一端先上后下地逐步清除坍渣,随挖随喷射混凝土,随架设临时构件支撑支顶。如塌方体较大,或地表已下沉,或因坍体堵塞无法进入塌方范围进行支护时,则可注浆加固坍体,然后用“穿”的办法在塌体内进行开挖、衬砌。在处理塌方的同时,要加强排水作业,以减少水对塌方的影响。

(3)塌方段支护

塌方稳定以后要立即着手进行支护,以确保安全。一般情况下,锚喷支护要比架设支撑的方法更快、更安全、更省料。

锚喷支护前要由外向里、自上而下逐段清理危石,先在围岩表面喷一层砂浆,再分层喷混凝土,并结合锚杆,稳住塌方体。

用支撑构件处理塌方时,可以根据塌方洞体的情况采用人字架支撑、排架支撑、井箍支撑等形式将塌方体支住。支撑构件必须有足够的强度和刚度,支撑之间一定要连接紧密,不得移动和变形,支撑杆件和岩体之间一定要用填塞木塞紧,以免塌方继续扩大。

(4)衬砌和回填

塌方支稳以后,立即清方进行模筑衬砌,快速成环,在衬砌拱圈的适当位置预留注浆孔。在衬砌背后先在拱背上浆砌 2～3 m 片石护拱,其余空腔再用轻型砌块回填,最后采用注水泥浆、水泥砂浆或其他材料将其回填密实。

8406　隧道塌方的预测手段有哪些?

在隧道掘进进入不良地质地段时,要加强坍方的预测。为保证施工作业安全,及时发现塌方的可能性征兆,并根据不同情况采用不同的施工方法及控制塌方的措施,需要在施工阶段进行塌方预测,预测塌方常用的几种方法:

(1)观察法

在掘进工作面采用探孔对地质情况或水方情况进行探察,同时对掘进工作面应进行地质描述，分析判断掘进前方有无可能发生塌方的超前预测。定期和不定期地观察洞内围岩的受力及变形状态；检查支护结构是否发生较大变形；观察是否有岩层的层理、节理裂隙变大，坑顶或坑壁松动掉块；喷射混凝土是否发生脱落；以及地表是否下沉等。

(2)一般量测法

按时量测观测点的位移、应力，测得数据进行分析研究，及时发现不正常的受力、位移状态及有可能导致塌方的情况。

(3)微地震学测量法和声学测量法

前者采用地震测量原理制成的灵敏的专用仪器；后者通过测量岩石的声波分析确定岩石的受力状态，并预测塌方。

8407 隧道塌方的处理措施有哪些？

隧道发生塌方时，应及时的处理。处理时必须详细观测塌方范围、形式、坍穴的地质构造，查明塌方发生的原因和地下水活动情况，认真分析制定处理方案。

(1)塌方处理应先加固未坍塌地段，防止其继续发展，未坍塌地段加固方法：

1)小塌方，纵向延伸不长、塌穴不高，首先加固塌体两端洞身，并抓紧采用锚杆和喷射混凝土联合支护，封闭洞穴顶部和侧部，再进行清渣。

2)大塌方、塌穴高、塌渣数量大，坍渣体完全堵住洞身时，采用先支护后清渣的方法。在查清塌穴规模大小和穴顶位置后，采用大管棚和注浆固结法稳定围岩体和渣体，待其基本稳定后，按先上部后下部的顺序清除渣体，采取短进尺、弱爆破、早封闭的原则挖塌体，并尽快完成二衬。

(2)处理塌方的同时，应加强防排水工作。塌方往往与地下水活动有关，治塌应先治水。防止地表水渗入塌体或地下，引截地下水防止渗入塌方地段，以免塌方扩大，采取以下措施治水：

1)地表水沉陷和裂缝，用不透水黏土夯填紧密，开挖截水沟，防止地表水渗入坍体。

2)塌方通顶时,应在陷穴口地表四周挖沟排水,并设雨棚遮盖穴顶。陷穴口回填应高出地面并用黏土或圬工封口,做好排水。

3)塌体内有地下水活动时,应用管槽引至排水沟排出。

(3)塌方地段的衬砌,应视塌穴大小和地质情况予以加强。衬砌背后与塌穴洞孔周壁间必须紧密支撑。当塌穴较小时,可用浆砌片石或干砌片石将塌穴填满;当塌穴较大时,可先用浆砌片石回填一定厚度,其以上空间应采用钢支撑等顶住稳定围岩。

(4)采用新奥法施工的隧道或有条件的隧道,塌方后要加设量测点,增加量测频率,根据量测信息及时研究对策。浅埋隧道,要进行地表下沉测量。